14 FILHOS... e nenhuma DÍVIDA!

Sam & Rob Fatzinger

14 FILHOS...
e nenhuma
DÍVIDA!

Guia católico para gastar menos e viver melhor

PREFÁCIO DE **THAIS & DIOGO SCHMITT**
TRADUÇÃO DE **DANIEL ARAÚJO**

petra

Título original: *A Catholic Guide to Spending Less and Living More*

© 2021 by Walter and Cecilia Fatzinger

Direitos de edição da obra em língua portuguesa no Brasil adquiridos pela PETRA EDITORIAL LTDA. Todos os direitos reservados. Nenhuma parte desta obra pode ser apropriada e estocada em sistema de banco de dados ou processo similar, em qualquer forma ou meio, seja eletrônico, de fotocópia, gravação etc., sem a permissão do detentor do copirraite.

PETRA EDITORA
Av. Rio Branco, 115 – Salas 1201 a 1205 – Centro – 20040-004
Rio de Janeiro – RJ – Brasil
Tel.: (21) 3882-8200

Imagem de capa: Pixejoo | Shutterstock

Dados Internacionais de Catalogação na Publicação (CIP)

F254q   Fatzinger, Sam
             14 filhos... e nenhuma dívida!: Guia católico para gastar menos e viver melhor/ Sam & Rob Fatzinger; traduzido por Daniel Araújo/ prefácio de Thais e Diogo Schmitt – 1.ª ed. – Rio de Janeiro: Petra, 2024.
             176 p.; 13,5 x 20,8 cm

             ISBN: 978-65-88444-83-2

             1. Desenvolvimento pessoal. 2. Economia. I. Fatzinger, Rob. II. Título

                                        CDD: 793.7
                                        CDU: 793.7

CONHEÇA OUTROS LIVROS DA EDITORA:

André Felipe de Moraes Queiroz – Bibliotecário – CRB-4/2242

Sumário

Prefácio (Thais e Diogo Schmitt) | 7

Introdução (Sam) | 13

Parte 1 – Seis grandes ideias para ter liberdade financeira: a importância da mentalidade (Sam) | 21

I – Tenha reservas e sonhe alto (Sam) | 24
II – Seja um bom administrador (Sam) | 38
III – Gaste de forma inteligente (Rob) | 54
IV – Aprenda a estar satisfeito (Sam) | 68
V – Seja generoso (Sam) | 79
VI – Confie (Sam) | 93

Parte 2 – Quatro habilidades essenciais: Colocando o conhecimento em prática (Rob e Sam) | 107

VII – Aprendendo a orçar (Rob) | 110
VIII – Acabe com as dívidas (Rob) | 120

IX – Economize para aquilo que você quer (Rob) | 137

X – Eduque crianças independentes (Sam) | 150

Conclusão – (Rob e Sam) | 166

Agradecimentos | 171

Recursos recomendados | 174

Prefácio

(Thais e Diogo Schmitt)

Há uma história que nós dois sempre recordamos quando se trata de administrar melhor o dinheiro da família e poupar. Vem da infância do Diogo: de quando ele tinha 6 anos de idade.

Ele estava sentado no degrau da porta da mercearia que ficava na esquina da sua rua, comendo chocolates, balas e chicletes que, apesar de doces, hoje têm para ele um retrogosto amargo de arrependimento.

Diogo dividia essas guloseimas com um primo, o qual minutos antes achara, entre as coisas dele, um porta-níquel onde se guardavam alguns trocados economizados havia algum tempo, graças a um conselho de sua avó, que, certa vez, ao lhe presentear com alguns cruzeiros, recomendou: "Guarda! É pouco hoje, mas, se você não gastar com bobagem e economizar, uma hora vai ter bastante para comprar até um brinquedo caro de que goste."

O tal primo, porém, astutamente o convencera a contrariar o conselho, do que ele logo se arrependeria. Ao se sentar naquele degrau, diz ele que só pensava em quanto tempo levara para acumular a pequena fortuna que se esvaíra em segundos, sem qualquer planejamento prévio; pensava em todas as coisas que poderia comprar com aquele dinheiro – que eu não tinha a mínima ideia do que seriam – se não tivesse cedido à tentação da gula e continuasse economizando; e se ressentia do espertalhão, que se satisfazia às suas custas, sem ter contribuído com um único centavo.

Essa ocasião serve como um constante lembrete para nossa família. Diogo veio de um lar de classe média baixa e, especialmente durante a infância, viveu um período de bastante privação financeira, de modo que não era uma criança que tinha por costume receber dinheiro para gastar com frivolidades ocasionais. E, como há males que vêm para o bem, esse "trauma" causado pelos doces com sabor artificial de falência acabou por salvar nossa vida financeira de muitos dos erros que são cometidos pela maioria das pessoas por aí.

Afinal, para quem "quebrou" aos 6 anos, não deveria ser difícil a decisão de não permitir que houvesse uma repetição; por isso, sempre teve ele o hábito de separar a metade do que recebia – mesmo sendo uma merreca – já no dia do pagamento e aplicar numa caderneta de poupança. Se, por um lado, esse hábito impõe uma série de pequenas privações diárias, por outro também permite algumas conquistas, como foi a aquisição de um primeiro carro, pago à vista – depois de dois anos de economia e após uma pesquisa pelo modelo mais econômico e de manutenção mais barata. Isso se provou uma escolha sábia quando, algum tempo mais tarde, foi preciso pagar à vista o conserto do motor que ele mesmo fundira. Bem, acontece.

Outra grande conquista foi nossa viagem pela Europa na lua de mel. Sonhávamos com essa viagem, que foi excepcional, mas quase estragada por uma situação inusitada. Quando planejamos a viagem, compramos e pagamos adiantado um pacote com três voos, entre Brasil, Itália e França, porém perdemos o segundo voo propositalmente, pois decidimos fazer o percurso da Itália para a França de trem. O que não sabíamos é que, ao fazer isso, a companhia aérea pode simplesmente cancelar todo o pacote sem direito a reembolso. No final da viagem, não conseguimos embarcar de volta para o Brasil, pois nossas passagens haviam sido canceladas e os assentos, vendidos para outros passageiros, o que nos obrigou a comprar passagens novas, de última hora, pelo dobro do preço. Felizmente tínhamos uma reserva financeira suficiente para fazer isso sem que precisássemos começar nossa vida de casados com uma dívida ou rombo no orçamento. Ponto para a provisão econômica da família!

Por outro lado, Thais sempre foi mais autocomplacente com o uso do dinheiro. Digamos que seu temperamento mais dinâmico e emotivo não favorece tanto a austeridade. Mas, ao longo de quase uma década de casamento, as graças do matrimônio nos ajudaram a entender (não sem algumas rusgas, é claro) como essas nossas diferenças podem ser complementares e até nos ajudar a corrigir certas falhas e vícios. Dessa forma, por influência da Thais, Diogo não se tornou um muquirana que, por apego ao dinheiro, seria incapaz de colher os bens que ele pode proporcionar à família; e Thais, graças ao escorpião que Diogo costuma trazer no bolso, consegue se conter para manter as despesas sob controle, não extrapolando o orçamento doméstico sob o espírito do "só se vive uma vez".

Dividimos aqui essa pequena parte das nossas experiências a fim de somá-las à história de vida dos Fatzinger, exposta neste livro na intenção de demonstrar os benefícios que uma vida financeira consciente e equilibrada pode trazer para a família.

Vivemos numa sociedade organizada sobre uma economia de mercado, e por isso é um fato inescapável que o dinheiro tem enorme influência sobre as nossas vidas, para o bem ou para o mal. Olhe à sua volta por um minuto, e você perceberá que quase tudo ao seu redor, desde o teto sobre a sua cabeça até os móveis e as roupas que veste – e até este livro em suas mãos! –, em algum momento, direta ou indiretamente, foi ou é produto de alguma transação financeira. No entanto, paradoxalmente, é notável que a educação financeira ainda é uma área de conhecimento das mais negligenciadas.

Os motivos disso são diversos, mas existe um agravante entre muitos de nós, católicos, que tendem a acreditar que se ocupar de coisas como criar fontes de renda extra, poupar e investir seja algo incompatível com a nossa fé e com a doutrina da Igreja. Crença essa que, por vezes, nem é consciente, mas se expressa por meio de escrúpulos decorrentes da ideia de que a busca por liberdade financeira não se coaduna com a mensagem de Cristo sobre o amor à pobreza, o desapego de bens materiais e a confiança na Divina Providência.

No entanto, muitos dos que pensam dessa forma não se dão conta de que vivem o contrário disso: desprezam e maldizem as próprias circunstâncias, ao passo que invejam e fazem mal juízo daqueles mais afortunados; por apego material e falta de confiança, abdicam até de praticar o bem, haja vista, por exemplo, quantos católicos hoje se recusam a abrir-se à vida sob a justificativa de que não dispõem dos recursos necessários para tanto e que os pais de famílias numerosas só o fazem porque são ricos.

Contrariando essas ideias, Rob, Sam e seus 14 filhos nos dão testemunho de que não são necessárias muitas posses, luxo e ostentação para prover um lar fecundo, praticar a caridade cristã e ainda manter uma vida financeiramente saudável.

Nas páginas a seguir, o casal nos apresenta o seu modo de vida e de administrar as finanças da família, o qual se traduz em alguns axiomas básicos de uma boa educação financeira: gastar menos do que se ganha, poupar, não se endividar, gastar com prudência, investir para a própria aposentadoria... E, ao mesmo tempo, demonstram que é possível harmonizar esses princípios com os valores católicos, ao submetê-los a propósitos retos e justos.

O caminho para alcançar a liberdade financeira, na ótica apresentada pelos Fatzinger, mais do que apenas uma busca por riqueza material e conforto, representa uma oportunidade para desenvolver virtudes e aproximar a família, na medida em que une o casal em torno de planos e objetivos comuns, pelos quais os dois se dispõem a fazer sacrifícios juntos e administrar seus recursos com maior diligência e prudência. Também contribui para a educação dos filhos, ensinando-lhes a necessidade da moderação, de lidar com frustrações e de valorizar coisas simples e momentos especiais; favorece uma maior generosidade e disposição para socorrer familiares e amigos, contribuir com o clero e praticar a esmola e obras de caridade; e permite, em última instância, dispor de maior liberdade e tempo para se dedicar ao convívio familiar.

Por esses motivos, a leitura que você está prestes iniciar não se resume a mais um ajuntado de teorias e orientações genéricas sobre administração financeira. Ao compartilhar suas experiências, Rob e Sam nos mostram na prática como lidar com o dinheiro com sabedoria, conciliando isso com uma vivência espiritual de grande fidelidade a Cristo e à Igreja, por meio da qual se alcança a verdadeira prosperidade.

À nossa família e amigos.
Vocês foram decisivos em nossa caminhada de bençãos.
Sem a ajuda e inspiração de vocês, este livro não teria sido possível.

Introdução

(Sam)

Em um dia quente da primavera de 1988, meu namorado, Rob (então com 24 anos) e eu (com 22 anos) estávamos sentados no topo do monte Sugarloaf, em Maryland, aproveitando um piquenique, quando Rob disse: "Quer se casar comigo?"

E eu respondi: "Quero muito um dia me casar com você."

Rob disse: "Não foi isso que eu quis dizer. Falo de nos casarmos mesmo. Estou te pedindo em casamento." Depois de ver meu olhar cético, ele disse: "Quem mais lhe dará dez filhos, um cachorro e uma casa com cercas brancas?" Talvez alguém tenha dito algo sobre ser arremessado montanha abaixo se a resposta fosse não.

"Esqueça o cachorro", rebati. "Acrescente mais um filho e a resposta é sim!" Casamos no ano seguinte, engravidamos na lua de mel e começamos nossa jornada.

Mas nossa jornada para a liberdade financeira começou quando na nossa infância; nossa criação nos trouxe hábitos financeiros que nos influenciam até os dias de hoje. A educação para a liberdade financeira nunca termina. Ainda estamos nessa estrada – às vezes progredindo, às vezes piorando, mas nunca entediados – e esperamos encorajar seu próprio esforço rumo à segurança financeira e paz.

Rob e eu estamos casados há mais de trinta anos. Você talvez esteja se perguntando a respeito do meu apelido, Sam; ganhei esse apelido há cinquenta e muitos anos atrás, dos meus quatro irmãos mais velhos, a quem eu amo. Eu me chamo Cecilia, mas quando eles começaram a me chamar de Sam, pegou!

Rob e eu temos quatorze filhos e sete netos. Vivemos na mesma cidade há mais de cinquenta anos. Rob é o Principal provedor e eu fiquei com o trabalho mais difícil e gratificante de ser mãe em tempo integral. Somos a típica família do comercial de margarina, mas sem tanto luxo ou crianças comportadas. Nossos oito filhos mais velhos hoje estão fora de casa, na faculdade ou trabalhando. Ao longo deste livro você verá sugestões, conselhos, dicas úteis e incentivos dos nossos filhos mais velhos. Estamos felizes em ver que nossos filhos vivem os hábitos de boa administração e segurança financeira que tanto ajudaram Rob e a mim. Esperamos que você também ache isso inspirador!

É possível mesmo gastar menos e viver mais, como o título do livro sugere? Temos vivido esse sonho ao longo de mais de trinta anos e estamos ansiosos em compartilhar nosso caminho para a liberdade financeira com vocês. Como você irá descobrir conhecendo nossa história, você não precisa ser um Warren Buffett e ter um patrimônio líquido avaliado em bilhões para viver bem ou ter segurança financeira. Isso vem de uma combinação de:

- gastar menos do que se ganha,
- economizar para emergências e imprevistos,
- ser generoso com seus recursos,
- viver sem dívidas,
- aprender a gastar com inteligência, e consumir com prudência, e
- dar a si mesmo a opção de se aposentar mais cedo.

É tudo, basicamente, questão de boa administração – e das virtudes associadas ao reconhecimento de Deus como provedor daquilo que temos –, de forma que você tenha flexibilidade financeira para controlar o dinheiro, em vez de permitir que ele o controle. Trata-se de estabelecer e alcançar metas financeiras (e, com frequência, revisar e expandir essas metas) para realizar tudo o que você acredita que Deus te convida a fazer.

Não é um mar de rosas. Qualquer objetivo, seja financeiro ou não, requer autodisciplina e compromisso, e envolve tomar decisões (às vezes difíceis) a respeito da melhor maneira de conseguir a vida que você busca. Você precisa economizar. Você precisa quitar suas dívidas. Você precisa fazer a vontade de Deus.

"Preciso mesmo?" Sim, precisa mesmo.

Pode ser difícil controlar seu orçamento e seus gastos. Se você não tiver um sólido plano de ação, você vai continuar caindo de novo nos velhos maus hábitos financeiros. Sabemos disso, pois cometemos todos os tipos de erros financeiros e tentamos aprender com eles. Esperamos que aprender sobre nossos perrengues e experiências te ajude a evitar algumas dessas mesmas armadilhas financeiras.

Uma palavrinha aos casais

Se você é casado, marido e mulher precisam, de verdade, estar na mesma página, ou essa aventura rumo à independência financeira será dura para ambos. Na Igreja Católica, o matrimônio é um sacramento, e as graças desse sacramento nos dão forças para a missão. Devemos nos unir como um casal e nos apoiarmos mutuamente, de maneira especial quando surgem as dificuldades financeiras. Um dos meus ditados favoritos, de Mike e Alicia Hernon, fundadores do projeto *Messy Family*, diz: "É melhor errarmos juntos do que acertarmos sozinhos."[1]

---

[1] Mike e Alicia Hernon, "Unity," 31 de janeiro de 2020, *Messy Family Minutes*, https://www.messyfamilyproject.org/mfm-12-unity.

Eu e meu marido somos um time. Nos ajudamos mutuamente, levando em conta nossos pontos fortes e fracos, em tudo o que envolve nossas finanças. Por mais de trinta anos, dividimos o sonho de viver livre das dívidas e nos aposentarmos cedo, tudo isso nos mantendo fiéis à nossa fé – e, na maior parte das vezes, seguimos pelo caminho certo. Mas quando as finanças saíram dos trilhos, nos ajeitamos e retomamos a viagem. Agora achamos que é a nossa vez de ajudar os outros na luta para viver um estilo de vida mais simples e com mais consciência financeira. Rob sempre diz às pessoas: "Eu lido bem com dinheiro, e Sam não gosta de gastar." Claro, ajudou muito quando não tínhamos dinheiro para gastar naqueles primeiros anos.

E vocês? Quais problemas econômicos tiram seu sono ou criam conflito no seu casamento? Quais os pequenos hábitos sorrateiros (ou os grandes de casca grossa) que fazem com que você viva para pagar dívidas? Vocês precisam de conhecimento financeiro ou mais autocontrole (talvez as duas coisas) para encontrarem a liberdade financeira, alegria, uma fé mais forte e paz nesse mundo consumista em que vivemos? Talvez pensem que é impossível, no mundo de hoje, "chegar lá" com as suas finanças. A verdade é que às vezes pode ser muito desafiador, mas com a ajuda de Deus, nada é impossível.

Gastar menos e viver mais é para todos

Não deixe que esta última palavrinha, dirigida aos casais, te afaste se você está empreendendo essa jornada para a segurança financeira sozinho. Embora o que há de específico nos seus desafios sejam diferentes dos nossos, muito dos princípios sobre economia e gastos são os mesmos. (E francamente, pode ser mais fácil rastrear seus gastos quando apenas uma pessoa está usando o cartão de crédito.)

Talvez você seja um adulto solteiro ou um estudante universitário determinado a não ser soterrado com as dívidas da faculdade ao se formar. Muito bem! Talvez você tenha feito más escolhas ou a vida tenha te prejudicado muito e você esteja tentando encontrar uma saída. Fique conosco. Garanto que este livro também tem algo para você.

Algumas pessoas começam a buscar estabilidade financeira quando a ausência dela se torna um bloqueio para a realização de seus sonhos. Pode ser que as dívidas estejam atrapalhando um chamado ao sacerdócio ou à vida religiosa, ou te impedindo de estar aberto a outro filho em um orçamento já apertado. Ou, talvez, seus filhos já estejam criados e você só queira aproveitar a vida depois de todos aqueles anos difíceis de sacrifício financeiro pelas crianças, mas não pode fazê-lo porque a economia consumiu seus investimentos. Sentimos sua dor!

Qualquer que seja a situação, nossa família já esteve (em alguns casos, ainda está) onde você está. Temos filhos mais velhos, com as quais ainda nos preocupamos, e filhos mais novos em casa, com 4 anos de idade. Nosso planejamento cuidadoso foi abalado por eventos que fugiam do nosso controle (como a pandemia de coronavírus em 2020), e levará algum tempo até que as coisas voltem ao normal. Mas nós já começamos a recolher os cacos, e você, meu amigo, pode fazer o mesmo.

Então pegue uma cadeira, coloque os pés para o alto, traga sua coleção de sacrifícios pessoais e sua bebida favorita (para maiores ou não), e passe algumas horas conosco. Gostaríamos de compartilhar nossa história com você e oferecer alguns conselhos muito concretos para ajudá-lo a atingir seus próprios objetivos financeiros, vencer seus desafios e fortalecer sua fé.

Sobre este livro

O livro está dividido em duas partes. A primeira inclui seis "grandes ideias" baseadas em princípios cristãos de boa administração – virtudes que Deus tem cultivado em nossa família – que nos ajudaram a superar a escravidão dos bens materiais, escolher a alegria, buscar a vontade de Deus, viver com generosidade, gastar de maneira consciente e abraçar a dimensão comunitária da vida. A segunda parte do livro é criação de Rob. Ele oferece habilidades e hábitos específicos para você identificar, executar e alcançar seus objetivos financeiros pessoais – coisas que te ajudarão a viver mais e gastar menos. Essas habilidades incluem viver sem dívidas (talvez com uma renda modesta, como fizemos durante a maior parte de nossas vidas), planejar a aposentadoria, diminuir as ansiedades em relação ao dinheiro e ensinar os filhos a administrarem bem o dinheiro, guardarem de forma consistente e gastarem com discernimento.

Esperamos que ao ler este livro você tenha no próprio horizonte a mais importante das conquistas: conhecer e confiar em Deus e ser fiel ao plano que Ele tem para sua vida. Para muitos de nós isso implica um casamento forte e uma vida familiar feliz. Para todos nós isso implica administrar bem os recursos e talentos dados por Deus.

Ao final da maioria dos capítulos, incluímos perguntas para ajudá-lo no processo de discernimento. Você pode usar um pequeno caderno (escreva "GMVM" ou "Gaste menos, viva mais" na capa, assim você não perderá de vista a razão de todo esse esforço!) para anotar ideias que forem sugerindo à medida que você avança pelos capítulos; ou mesmo escrever nas margens do próprio livro ou usar um marca-textos para grifar as partes mais relevantes para você.

Se você precisa de ajuda especial para pagar a faculdade, ter seu orçamento alimentar sob controle, planejar um casamento ou criar um orçamento familiar personalizado, criamos materiais específicos para essas situações. Para fazer download deles, consulte o site www.avemariapress.com/products/catholic-guide-to-spending-less-and-living-more ou nosso site www.fatzfam.com. Sinta-se à vontade para nos enviar perguntas ou ideias úteis para economizar dinheiro que você tenha descoberto – talvez um dia nós escrevamos outro livro!

†JMJ†

Parte 1

Seis grandes ideias para ter liberdade financeira: a importância da mentalidade (Sam)

Um dia, minha amiga e seu marido deram um pulo aqui, e seu marido olhou para nosso quintal e disse: "Poxa, que pena. Sua secadora quebrou!"

Não fazia ideia do que ele estava falando. "Não quebrou. Por que diz isso?" Ele apontou para meus varais cheios de roupa. "Ah!", eu disse, "É que eu estendo roupa no varal quando está sol." Usar o varal não só economiza nossa conta de luz como também remove as manchas da roupa como nenhuma secadora é capaz.

Talvez você já pendure roupas no varal porque prefere sentir o ar fresco em vez de lençóis mais secos e não tinha pensado a questão sob o ângulo econômico. Isso é bom! Este livro não trata apenas de economizar dinheiro – também diz respeito a uma melhora na qualidade de sua vida. Especialmente nesta primeira parte, vamos falar sobre atitudes e virtudes que, tomadas em conjunto, irão te ajudar a viver melhor e gastar menos – ou seja, a gastar de forma mais refletida e intencional os recursos que Deus te deu. Milhares de artigos e livros sobre economizar dinheiro estão disponíveis – sendo nós uma família católica de dezesseis membros, já lemos muitos deles! Ao final deste livro incluímos uma lista de materiais úteis caso você precise de conselhos em uma área específica. Mas neste livro queremos compartilhar coisas que nos ajudaram a alcançar a liberdade financeira e a viver sem dívidas. Esperamos que essas dicas práticas para economizar dinheiro o incentivem a viver melhor e a gastar menos. Tudo começa com pequenas mudanças em nossa forma de viver e pensar. Economizar as moedinhas – e fazer da economia um hábito – rapidamente se torna uma segunda natureza quando você se dedica a isso!

Então, quais são essas "grandes ideias", essa mentalidade que nos ajudou a administrar melhor o que Deus nos deu?

- Ter reservas e sonhar alto (ter "visão financeira" e executar o plano).
- Ser um bom administrador.
- Gastar de forma inteligente.
- Estar satisfeito.
- Ser generoso.
- Escolher confiar.

Olhando essas ideias, alguma delas surge diante de você como uma oportunidade de crescimento? Já parou para pensar que isso pode ser a chave não apenas para liberdade financeira, mas também para a felicidade de sua família a longo prazo?

Você está feliz com sua situação financeira? Se está lendo este livro, você está à procura de algo. Talvez você esteja tentando planejar seu futuro em um momento de incerteza, ou espera fazer uma aquisição especial – um carro novo, uma viagem especial, ou uma casa. Ou talvez você esteja olhando seus extratos bancários e faturas do cartão com dor no coração e desejando uma maneira de mudar de rumo. Não importa o motivo que te levou a escolher este livro entre as centenas disponíveis, queremos encorajá-lo a deixar que Deus te mostre como a busca por uma visão financeira pode ser uma oportunidade de crescimento espiritual, assim como tem sido para nós.

É claro que um pequeno livro não substitui um bom conselho pessoal de alguém que conhece você e sua situação. Você precisa da ajuda de um mentor ou consultor financeiro de confiança para afinar seu plano com base no que lê aqui e no que funciona melhor para sua família. Mas também é essencial que você encontre tempo para rezar, pedindo a Deus que te inspire a criar um plano que seja do agrado d'Ele, e coloque você e sua família no caminho da liberdade financeira.

Bem conheço os desígnios que mantenho para convosco – oráculo do Senhor –, desígnios de prosperidade e não de calamidade, de vos garantir um futuro e uma esperança.

(Jer 29, 11)

1

Tenha reservas e sonhe alto
(Sam)

Entre meus 10 e 12 anos, eu entregava jornais. Era um jornal local, de frequência semanal, que eu entregava todas as quintas-feiras. Recebia US$0,10 por jornal. No mês eu recebia um pagamento no valor de US$26. Agora não parece muito, mas, aos 10 anos de idade, eu sentia grande orgulho por aquele salário. Odiava a ideia de gastar o dinheiro conquistado com trabalho duro em algum brinquedo ou guloseima que desapareceria em um momento. Sempre que eu recebia meu pagamento ou ganhava algum dinheiro cortando grama ou limpando neve, colocava quase tudo na minha conta. Aos 14 anos de idade, eu havia economizado mais de US$3.000,00. Mesmo sem ter me dado conta na época, isso pagaria meu primeiro carro, minha conta de celular e até mesmo parte da minha faculdade.

(Joey Fatzinger, 23 anos)

Digamos que você esteja voltando para casa depois de um compromisso logo cedo e tem alguns minutos sobrando. Você sabe que terá um longo dia pela frente – limpar, cozinhar, ver uma papelada do trabalho – e então, logo à frente, vê a placa do Starbucks.

Eu mereço uma bebidinha especial, você pensa. *Terei um dia atarefado pela frente e uma injeção de cafeína poderia ajudar!* Então você se lembra da conversa que teve com seu cônjuge sobre os recentes gastos com o cartão de crédito e as contas vencidas, e percebe que cada centavo conta. Além do mais, como explicaria isso quando seu cônjuge limpasse o carro e encontrasse o copo usado? Então decide deixar para lá a Starbucks e pede a Deus que se valha deste pequeno sacrifício para abençoar seu casamento e te dar sabedoria para encontrar melhores maneiras de economizar dinheiro.

Parabéns! Você acaba de assumir um compromisso com sua liberdade financeira.

Mesmo que você não tenha (e não ache que precise) de um planejamento financeiro estruturado, fazer essa escolha de abrir mão do *macchiato* e fazer um café em casa te deixa um pouco mais perto de ter vida que você quer com os recursos que você tem. E tudo começa na sua cabeça; ou, sendo mais específico, na sua mentalidade financeira.

Queremos trabalhar juntos com você para criarmos e implementarmos uma visão financeira para sua vida – uma espécie de "plano mestre" para suas finanças. Uma vez que estabelecemos nossa visão (primeiro passo), decidimos objetivos específicos que nos permitam viver essa visão (segundo passo), identificamos obstáculos para alcançar esses objetivos (terceiro passo) e criamos um plano para superar esses obstáculos (quarto e último passo). No restante deste capítulo, compartilharemos mais sobre esses quatro importantes passos para te ajudar a desenvolver seu próprio plano financeiro. Portanto, pegue seu caderno e caneta GMVM (gaste menos, viva mais) e tome algumas notas. Vamos examinar quatro questões-chave.

1º PASSO: QUAL É A SUA VISÃO FINANCEIRA?

Quando Rob e eu nos casamos, tínhamos uma grande visão financeira. Ela tinha três partes: Queríamos servir a Deus e à Igreja, criar uma grande família e usar nossos bens, talentos e tempo de maneira agradável a Deus. Pode-se dizer que essa foi nossa primeira visão financeira, embora na época não colocássemos nesses termos. Eu apenas rezava constantemente, e ainda rezo: "Seja feita a vossa vontade! Senhor, concedei-me sabedora, prudência e autocontrole. E por favor, conceda essas virtudes também à minha família."

De maneira geral, isso nos ajudou desde o início a alcançar objetivos específicos que estabelecemos ao longo de nossa caminhada. Por exemplo, foi fácil para mim não gastar dinheiro quando soube que Rob estava economizando para comprar a casa dos nossos sonhos. Quando ouvimos falar da execução hipotecária de um imóvel com potencial para ser a nossa casa dos sonhos, com um grande quintal no bairro vizinho em que eu queria morar, fiquei entusiasmada. E quando soube que havíamos economizado o suficiente para pagar a entrada, suspirei de alívio. Agora poderíamos poupar um pouco menos, certo?

Bem, relaxamos um pouco nosso orçamento depois que compramos nossa casa e fechamos nosso negócio (falaremos mais de nossa livraria depois). Poderíamos gastar um pouco mais no mês porque o novo emprego de Rob pagava um salário regular, férias remuneradas e plano de saúde. Mas Rob também encontrou um novo objetivo: ele queria quitar a casa logo, e tinha isso em vista desde o pagamento da primeira prestação. Como já havíamos aprendido a viver dentro de um certo orçamento, não havia uma grande diferença em nossos hábitos diários quando ele começou a usar o dinheiro extra pagando a casa. A vida continuou como o de costume, exceto que eu comprava toalhas de papel às vezes. Aquela casa grande e bonita era um objetivo importante para nós, mas continuamos economizando porque era apenas parte da visão financeira que tínhamos definido e que daria o curso de nossas vidas. Em poucas palavras, nossa visão era esta: Não gastar dinheiro a menos que seja necessário para sermos abertos à vida e ficarmos em casa com nossos filhos.

Qual é a sua visão financeira? Pense a respeito, converse com seu cônjuge e anote em seu caderno.

2º Passo: Quais são seus objetivos financeiros?

Diferente da visão financeira, que estabelece o rumo de sua vida, seus objetivos financeiros são os marcos do percurso, passos importantes ao seguir essa visão. Alguns provavelmente exigirão planejamento financeiro de longo prazo, mas outros podem custar pouco ou nenhum dinheiro. Eis o que uma filha nossa tem a dizer:

> Tenha objetivos e uma ideia do que você quer para sua vida, mas seja flexível, porque as coisas nem sempre (aliás, quase nunca) saem como planejadas. Tome as decisões inteligentes agora. Decisões que irão proporcionar o tipo de futuro que você deseja: comece a investir. Escolha uma boa faculdade que não acarretará em uma tonelada de dívidas. Tenha por perto boas pessoas que te ajudem a crescer.
>
> (Lizzie Fatzinger Rowedder, 26 anos)

Começamos a estabelecer nossos objetivos antes mesmo de nos casarmos, sentados lá no Sugarloaf. Trabalhamos nisso durante todo aquele ano de forma que, quando nosso casamento chegou, já tínhamos as bases de como seria nossa vida de casados.

Para iniciar, determinamos um orçamento que nos desse a garantia de gastar menos do que recebíamos – mesmo durante a organização do nosso casamento – e também nos possibilitasse pagar o dízimo e ajudar outras instituições de caridade (com tempo e dinheiro). Nos cercamos de bons modelos e mentores, e confiamos que Deus cuidaria de nós, não importa o que acontecesse.

Organizamos um casamento simples e usamos o dinheiro que o pai de Rob nos ofereceu para dar um adiantamento em uma casa na cidade. Escolhemos a casa mais barata que encontramos no bairro mais bonito. Assim que pagamos a pequena dívida que Rob havia feito durante a faculdade, começamos a guardar o salário que eu recebia trabalhando meio período em uma creche. Sabíamos que queríamos viver com o salário de Rob de tal forma que pudéssemos acolher qualquer criança que Deus quisesse nos enviar, então achamos que deveríamos viver assim desde o início.

Como nossa família aumentou ao longo dos anos, todos nós estabelecemos metas para nos ajudar a ter a vida que queremos. As crianças trabalharam e economizaram para ter um carro e pagar a faculdade. Nós criamos fundos de emergência e aposentadoria. Temos um horário para as orações diárias, tanto individuais quanto em família. Optamos pela educação domiciliar com nossos filhos (exceto por um, pois encontramos um programa que atende suas necessidades muito melhor do que nós poderíamos).

Quais são alguns dos objetivos específicos que vocês têm a curto e longo prazo? Anote-os todos em seu caderno – desde os menores e mais fáceis até os maiores e mais absurdos. São seus objetivos, e somente você e seu cônjuge podem decidir se eles têm mérito.

Vejamos três exemplos de objetivos comuns. (Para mais informações sobre como atingi-los, dê uma olhada no capítulo 9, que fala de guardar dinheiro).

Ter um fundo de emergência

Você ouve o tempo todo especialistas dizendo: "Guarde três meses de despesas." "Tenha seis meses de despesas guardados em uma poupança para emergências." Estamos de acordo com isso, mas como você pode atingir esse objetivo?

Um fundo de emergência é uma conta poupança (não uma conta na bolsa de valores ou na loja de jogos) com dinheiro suficiente para viver (pagar as despesas básicas como aluguel/financiamento, contas e alimentação) no caso de imprevistos da vida – perda de emprego, necessidade de um novo fogão ou conserto grande no carro, ou uma despesa médica inesperada. Não é para ir com os amigos assistir a um grande jogo ou ter uma bolsa nova igual a das Kardashians.

Se aposentar aos 60

Guardar para a aposentadoria... todos nós sabemos que deveríamos estar fazendo isso. Mas há muitas outras coisas que exigem nossos limitados ganhos financeiros. Algumas delas são necessidades (alimentação, moradia, vestuário), enquanto outras são caprichos (sapatos novos, capuccino todo dia, uma viagem para as Bahamas).

Algumas pessoas acreditam que devem gastar agora e confiam que Deus cuidará delas quando chegar a hora, como se fosse uma espécie de cofrinho mágico. Mas será que isso é realmente boa administração? Acreditamos que confiar em Deus é a chave definitiva para tudo isso. Eu poderia falar por horas sobre as várias vezes em que tivemos necessidade de dois centavos para que as coisas funcionassem. Honestamente, Deus veio ao nosso socorro em cada uma delas.

E mesmo assim, como qualquer pai bom, ele espera que façamos nossa parte.

Por hora, vou usar duas pequenas palavras para convencê-lo do porquê você deveria começar a guardar mais cedo para sua aposentadoria: juros compostos. Na verdade, são duas pequenas palavras que Rob me ensinou junto com essa história sobre dois jovens chamados João e Diana. João e Diana sabem que deveriam guardar para a aposentadoria. E ambos têm o mesmo objetivo de economizar US$1.000.000,00 até os 65 anos de idade. Ambos fazem investimentos que dão um retorno de 6% ao ano. E ambos decidem que vão guardar US$10.000,00 por ano.

João passou os primeiros anos de sua vida profissional comprando BMWs e indo para as Bahamas duas vezes por ano. Ele não economizou nada até os 35 anos de idade, mas depois começou a economizar 10 mil por ano durante os trinta anos seguintes até os 65 anos de idade. Resultado: ele economizou US$300.000,00 durante esses trinta anos e agora tem um saldo de US$838.019. Nada mal!

Diana, porém, recebeu de presente um exemplar deste livro quando terminou o curso superior. Começou a economizar aos 25 anos de idade e continuou investindo os US$10.000,00 anuais pelos quinze anos seguintes. Quando ela completou 40 anos, parou de economizar para a aposentadoria. Resultado: US$150.000,00 guardados durante esses quinze anos se tornaram US$1.058.912,00 aos 65 anos. Ela ganhou ainda mais dinheiro com a metade do investimento, apenas começando dez anos mais cedo.

Os juros compostos são seus amigos. Não espere para começar!

Doar mais

Enquanto você trabalha para fazer o que é preciso tendo em vista uma boa base econômica, não se esqueça de rezar pedindo sabedoria para servir melhor aos outros (e claro, a Deus). Mesmo que você não tenha dívidas, vale pensar em maneiras de economizar para ajudar mais o povo de Deus com seu dinheiro – usar suas finanças para ser as mãos e pés do Salvador.

Há muita gente no mundo precisando de ajuda, portanto, pense em algo que fale ao seu coração. Se você tem um parente que luta contra o Alzheimer, procure grupos de especialistas em busca de uma cura. Nós encontramos um grupo que trabalha para libertar pessoas do tráfico humano quando fui obrigada a doar para essa área após assistir ao filme *Busca implacável*.

Se você não está certo sobre a melhor maneira de doar, peça a Deus que te mostre a oportunidade certa. As finanças são muito estressantes e causam problemas entre casais, famílias e solteiros; não deixe que as boas intenções perturbem sua paz. Uma das ferramentas mais poderosas de Satanás é nos fazer pensar que o dinheiro é nosso, e não de Deus.

Agora é sua vez: Quais são alguns dos objetivos que você considera importantes neste momento? Pense sobre isso, fale sobre seus objetivos com seu cônjuge e anote-os no caderno.

3º Passo: O que te impede?

Às vezes, administrar bem os próprios recursos pode ser difícil. Rob e eu temos muito orgulho da maneira como nossos filhos seguiram nosso exemplo de viver bem gastando menos. E mesmo assim, como nossa filha Barbara, de 25 anos, aponta, pode ser difícil resistir à tentação de gastar:

Autocontrole. Tão simples, tão difícil. Tão pouco divertido. É algo com o qual sempre lutei. Afinal, me sinto no direito de "me agradar", pois trabalho muito. Não tenho dívidas, nunca tive dívidas e economizo cerca de 20% da minha renda. Mas eu sempre ultrapasso o orçamento. Sempre. Compro demais, muito mesmo. Por muito, quero dizer uma quantia desnecessária. Meu orçamento para lazer é de US$200,00 por mês, e eu normalmente gasto muito até a terceira semana do mês. Compras por impulso são a desgraça da minha vida (isso e compras on-line).

Mais cedo ou mais tarde todos nós atingimos nosso limite, de uma perspectiva financeira. Acontece algo inesperado e nossos planos cuidadosamente pensados saem dos trilhos. Às vezes é uma bagunça que nós mesmos criamos (uma conta do banco que esquecemos, um carro que dá perda total, uma compra imprudente de sapatos Jimmy Choos), mas às vezes são coisas da vida (uma catástrofe médica, um desastre natural ou alguma outra ação de Deus).

Há muitos anos, nossa família inteira voou para o Arizona para o casamento de um de nossos filhos – uma viagem única que fez Rob jurar que não iria a qualquer casamento a mais de sessenta minutos de distância. Assim que nossas economias se recuperaram das despesas da viagem de casamento, tivemos alguns problemas médicos que nos teriam colocado em uma crise econômica se meu marido não tivesse sido tão diligente na construção desse fundo de emergência. Nós chamamos de "picada de carrapato de US$40.000,00". Pagamos mais de US$7.000,00 e o seguro cobriu o resto. Nosso filho de 8 anos acordou certa manhã mancando, e depois de um ano de visitas a dois dos melhores hospitais da região de DC, Maryland e Virgínia, finalmente foi diagnosticado com a doença de Lyme, agora avançada. Ele fez uma grande cirurgia no quadril para inserir uma prótese e depois uma segunda para remover o metal em excesso e o detector de metais não apitar toda vez que ele tivesse um voo. Graças a Deus, ele tem se saído bem nos últimos três anos, sem efeitos colaterais.

Esses tipos de imprevistos da vida – seja um grande imprevisto ou dezenas de pequenos imprevistos ao longo dos anos – podem levar à loucura a conta bancária de qualquer pessoa (até mesmo a de veteranos em juntar moedinhas, como nós). Sempre teremos situações inesperadas que atingem a carteira. Alguns dias nós simplesmente reviramos os olhos, porque no momento em que pagamos a nova máquina de lavar, o carro morre. O que está acontecendo? Ah, sim, a vida.

O primeiro passo para voltar ao caminho certo é definir os obstáculos em seu caminho. Isso significa enumerar seus problemas financeiros. Você e seu cônjuge estão de acordo? Vocês estão em dia com as contas? Você perdeu o emprego recentemente? Algum de vocês tem um pai idoso que precisa de ajuda imediata? Está tentando pagar um casamento na pontinha do lápis e ficando sem dinheiro? Você (como nossa filha Barbara) está ficando sem dinheiro antes do fim do mês?

Quais seus obstáculos atuais? Tome nota deles em seu caderno.

4º Passo: Quais as possíveis soluções?

Muitas escolas de ensino médio e faculdades dão aulas sobre resoluções de problemas e habilidades para a vida. Estas são habilidades que ensinamos às crianças ao longo dos anos (e que os mais velhos ensinam aos mais jovens) para ajudá-los a sair de situações complicadas sem a mãe e o pai para ajudar. Todo dia eu digo: "Resolva você mesmo; essa é uma lição para sua vida. Se você realmente não conseguir resolver isso sozinho, eu te ajudo." Muitos universitários ainda dependem da mãe e do pai para tirá-los dos problemas ou para dar respostas às demandas da vida.

Não importa se você está apenas no começo ou se está administrando uma casa há anos, uma parte importante da "vida adulta" é se superar (e aprender com) seus erros. E se você tem filhos, uma das maneiras mais poderosas de incentivar seus filhos à vida adulta é deixá-los testemunhar você em meio às próprias confusões. Deixe-os ver que você e seu cônjuge trabalham juntos para identificar problemas, encontrar soluções e até mesmo pedir ajuda, quando necessário.

Então, quais são seus problemas mais urgentes? Um dos mais comuns é o da Barbara, no terceiro passo: muito gasto para pouco salário. Quem nunca gastou todo o salário antes do fim do mês? Nós já fizemos isso várias vezes. Sempre foi uma benção quando Deus nos socorreu, mas nós precisamos fazer por onde para ele nos ajudar, o que significa não gastar desnecessariamente. Vivemos de salário em salário por quinze anos. Isso não é o mesmo que dizer que não tínhamos o bastante. Está mais para dizer que Deus nos protegeu e abençoou porque confiamos a Ele nossa família e futuro.

Mesmo assim, ficar sem dinheiro antes do fim do mês é frustrante e estressante, e pode ter resultados humilhantes e caros, como um cheque devolvido e as taxas que o acompanham. Há uma solução simples, mas não necessariamente fácil, para esse problema recorrente. Gastar menos do que se ganha.

Simples? Fácil? Não.

Em alguns meses, simplesmente faltará dinheiro. É a vida. Durante dez anos fomos proprietários de uma livraria cristã e só levantávamos dinheiro em dezembro e na primavera. Aprendemos a guardar nossas economias nos meses movimentados para conseguirmos dar conta quando as vendas diminuíam. Eram economias para uso comum, não nosso fundo de emergência – que era somente para emergências.

Você provavelmente está pensando: "Ok, e o que faremos se não podemos usar o fundo de emergência?"

Antes de mais nada, o fundo de emergência é seu, então você é livre para usá-lo. É melhor do que ter a sua energia desligada ou passar fome. Mas seu plano de recuperação financeira a longo prazo precisa incluir um orçamento e uma poupança para que você possa se recuperar durante as vacas magras (mais sobre isso no capítulo 7).

E se você simplesmente não tem renda o bastante? Passamos por isso, e não é nada legal. No passado, quando tivemos que juntar mais dinheiro ou apenas precisávamos ganhar mais para colocar comida na mesa, trabalhamos em empregos paralelos (com jardinagem, tomando conta de crianças) fizemos vendas de quintal e vendemos coisas pelo eBay. Houve uma época em que vendíamos tantas coisas que estavam por aí na nossa casa que as crianças ficaram preocupadas achando que em breve elas poderiam ser as próximas. Falando sério, se você realmente precisa de soluções imediatas sobre como superar esse problema, você talvez queira dar uma olhada no capítulo 8.

Até aqui você esboçou uma visão financeira e identificou alguns de seus objetivos, assim como alguns dos obstáculos mais urgentes. Agora, como você está em busca das soluções? Se você empacou, não se preocupe – este é apenas o primeiro capítulo, afinal. Aqui vão algumas ideias para que você comece a encontrar soluções para os problemas mais urgentes que te impedem de alcançar seus objetivos:

- Se você é casado, você e seu cônjuge estão tendo problemas para se entenderem? Se sim, encontre um assessor financeiro, padre ou mentor que possa ajudar vocês a encontrarem uma abordagem boa para ambos. Passem um tempo diante do Santíssimo, pedindo a Deus que lhes dê sabedoria e humildade para ouvirem um ao outro e trabalharem juntos para o bem de toda a família. Vocês podem pensar em fazer algum curso de finanças. Há boas opções por aí.

- Muitas contas? Faça uma lista com todas as suas dívidas e organize as prioridades de pagamento enquanto pensa em algumas formas de levantar um dinheiro a mais.
- Acaba de perder o emprego? Encontre algumas medidas paliativas enquanto busca reduzir as despesas. Nosso filho que perdeu emprego durante o *lockdown* do coronavírus começou a entregar comida.
- Problemas para confiar em Deus? Dê um salto de fé sendo generoso com outra pessoa. Você vai se surpreender com a maneira com que Deus se faz presente àqueles que procuram colocar o outro em primeiro lugar. Nas palavras de nossa filha Lizzie: "Eu tentei ser mais responsável com o dízimo após meus 18 anos. Primeiro, doar. Depois, economizar. Por último, gastar."

Agora é sua vez. Quais são algumas possíveis soluções para os problemas que você está enfrentando? Se você não conseguir pensar em nada, não se preocupe. Apenas continue lendo e peça a Deus que te ajude a encontrar as respostas!

Não tenha medo

Tudo isso pode parecer intimidados à princípio, mas com a ajuda de Deus e um pouco de sacrifício e disciplina, você pode ser livre da avalanche de dívidas e conquistar a segurança financeira. As sugestões deste livro podem ajudá-lo a dar os passos decisivos em direção a essa liberdade.

É claro que não basta simplesmente ousadia, dar nome aos objetivos e identificar soluções para os próprios problemas. Não há solução rápida ou milagre que resolva em um dia a instabilidade financeira que se arrasta há tempos. É uma caminhada difícil pela Via Dolorosa com todos aqueles fardos financeiros sobre os ombros. Mas você não precisa carregá-los sozinho. Peça ao Senhor que o ajude a levar o fardo. Encontre seu Simão Cirineu, ou nos deixe ajudá-lo com os conselhos deste livro.

Um melhor controle sobre nossa vida financeira demanda uma honestidade brutal consigo mesmo — sobre nossas esperanças e objetivos, mas também sobre aquilo que estamos deixando a desejar atualmente. Essa é a sua chance de ser honesto sobre sua realidade econômica atual, suas crenças em Deus e boa administração, e sobre os hábitos e atitudes que você precisa mudar a fim de viver uma vida menos estressante e alcançar os próprios objetivos financeiros. Embora a situação de todos seja única, meu marido e eu já passamos por questões semelhantes e conhecemos os temores que você possa ter. Não desista. Você é capaz de realizar tudo o que Deus quer de você — lembre-se, se é esta a vontade d'Ele, Ele lhe mostrará como fazer!

II

Seja um bom administrador
(Sam)

Dinheiro não é o único bem que vale a pena ser compartilhado. Podemos doar nosso tempo, nosso conhecimento, nosso amor ou simplesmente um sorriso. Quanto custa isso? O ponto central é que nenhum de nós é capaz de viver sem algo que valha a pena compartilhar.

(Steve Goodier, *One Minute Can Change a Life*)[2]

"Administre bem o que Deus lhe deu." A maioria dos católicos que vai à missa aos domingos ouve coisas como essa ao longo dos anos. Mas será que entendemos o que isso significa, e sabemos como pôr em prática no nosso dia a dia? Admito que, na juventude, não pensava muito em ser uma boa administradora. Não era assunto que conversávamos em casa. Mas mesmo assim, olhando para trás, vejo que meus pais tinham boa administração, mesmo criando nove filhos com um salário de classe média. Fechavam as contas muito bem; nunca me senti pobre ou carente de nada. Minha relação com o dinheiro foi um presente dos meus pais. Eles me ensinaram a reaproveitar o que ainda pode ser utilizado, e a não criar necessidades supérfluas.

Logo após minha mãe ganhar seu oitavo filho, meu pai perdeu seu emprego como técnico de controle de tráfego aéreo. Foi no início dos anos 1960, e não havia muita gente com dinheiro sobrando, mas de alguma forma as pessoas sempre encontravam uma maneira de se ajudar.

---

[2] Life Support System Publishing, 2009.

Isso aconteceu perto do Dia de Ação de Graças e a paróquia estava fazendo a campanha anual de alimentos para as famílias carentes da comunidade. Como sempre, minha mãe montou uma cesta com cuidado e levou à igreja, e quando chegou em casa já havia uma cesta de ação de graças na nossa varanda! Afinal, nossa família estava na lista para receber uma cesta. Anos mais tarde, vi os olhos da minha mãe brilhando enquanto ela contava essa história: "Nunca me esquecerei daquela velha cesta na porta da nossa casa. Era muito mais generosa do que aquela que fizemos!" Essa história me deixou uma impressão muito forte. Mesmo quando somos muito generosos, Deus não se deixa vencer em generosidade.

É claro que meus pais precisaram lutar para conseguir pagar as contas. Minha mãe estava sempre dizendo: "Tivemos que roubar Pedro para pagar a Paulo!" Ela tinha uma cesta com envelopes onde o dinheiro era separado para a igreja, serviços, mercado, roupa das crianças, e assim por diante. Ela era a encarregada do dinheiro meu pai ia trabalhar todos os dias com um dólar na carteira e um cartão de crédito para emergências, um que minha mãe se assegurava de estar sem saldo na conta. Ela foi minha primeira e maior influência na maneira como eu enxergo o dinheiro até hoje.

Tudo o que temos provém de Deus – dinheiro, bens, talentos e tempo. Não temos nada de nosso, nem mesmo nossos filhos; tudo isso é de Deus. Esses dons nos são confiados, e uma boa administração envolve aceitar tudo com gratidão e usá-los de forma responsável, além de compartilhá-los com os outros. Rob e eu tentamos viver essa boa administração como casal mesmo no início do nosso namoro. Ambos concordamos que planejar nosso orçamento de forma que eu pudesse ficar em casa com as crianças era a chave para prepararmos nosso futuro financeiro.

Por exemplo, não gastamos muito com presentes de pouca utilidade ou saídas extravagantes. Rob soube, imediatamente, que eu não ia esperar dele presentes caros ou viagens de férias quando nos casássemos (eu sei, eu sei; que homem sortudo, não é mesmo?). Para nós, essa boa administração não era um fardo legalista. Era mais um reconhecimento consistente e cada vez maior de que tudo o que temos é apenas um empréstimo de Deus, e por isso devemos fazer bom uso. Uma vez que abraçamos essa mentalidade, ela é tudo, menos onerosa; liberta e é um alívio. É reconfortante saber que, como em todas as coisas da vida, Deus está no comando de nossas finanças.

O que não quer dizer que a gente não tenha saído juntos e se divertido. Nossos encontros eram simples – fazíamos piquenique nos parques, andávamos nos balanços da praça, ou assistimos a filmes antigos no VHS do Rob (já ouviu falar disso?). Ainda não existia TV a cabo.

Claro que minha personalidade extrovertida algumas vezes se frustrava ficando em casa assistindo TV. Certa vez, decidi abrir mão da TV na quaresma para que Rob saísse mais comigo. Às vezes íamos ao shopping só para ver as coisas na vitrine (coisa que Rob odiava), íamos até o centro da cidade e dividíamos alguma refeição, ou comprávamos alguma fritura cheia de calorias na feira e ficávamos vendo as outras pessoas. De vez em quando, Rob esbanjava e me levava a um bom restaurante. A mãe de Rob encorajava nosso namoro econômico dando bons jantares em sua casa para ocasiões especiais, como meu baile de formatura. O programa que menos agradava a Rob era sair para jogar tênis; ele não gostava de ir buscar meus tiros de longo alcance.

Hoje em dia comemos fora cerca de duas vezes por mês, com cartões de presente que ganhamos em aniversários ou Natal. Às vezes esbanjamos, como quando eu me comporto e não recebo minha tradicional multa do mês por excesso de velocidade (eu sou um ímã de multas!) ou quando saímos com os amigos. Não nos sentimos culpados em esbanjar nessas ocasiões, já que o tempo com nossos amigos vale o dinheiro extra. Essas são escolhas *deliberadas, raras* e *dentro do nosso orçamento*.

É importante passear a dois depois de casados, para manter a conexão e especialmente para o casal ter um tempo longe das crianças. É um pequeno investimento que mantém o casamento – e a fé – crescendo. Se vocês não têm parentes próximos, talvez precisem de criatividade para encontrar tempo e espaço só de vocês até que seus filhos possam ficar em casa sozinhos. Talvez vocês e outro casal possam trocar serviços de babá, ou organizar uma noite de pais em sua paróquia com alguns estudantes desejosos de receber por umas horas de serviço.

Uma das melhores coisas que fizemos quando eu estava grávida do nosso quinto filho foi decretar 19h como hora para os filhos pequenos estarem na cama. Quando começamos a nova rotina, nossa vida mudou. Nosso casamento ficou mais forte porque podíamos passar algum tempo de qualidade juntos, em vez de desmaiarmos após colocar quatro crianças menores de 6 anos na cama tarde da noite. Nossa fé se fortaleceu porque podíamos participar de atividades paroquiais sem nos preocuparmos com a necessidade de outro pai lidar com todas as crianças sozinho. Era fácil encontrar uma babá ou ajuda de parentes para tomar conta das crianças, já que normalmente as crianças já estavam dormindo quando eles chegavam.

Um verdadeiro encontro não precisa, necessariamente, sair caro. Um de nossos encontros mais memoráveis aconteceu quando estávamos sem nenhum desconto de aniversário para qualquer restaurante, mas tínhamos um cartão de US$20,00 para a mercearia local. Então fomos até a cantina deles e compramos sopa e saladas. Sempre tivemos vontade de experimentar a comida que eles preparavam, mas nunca fazíamos porque era mais econômico cozinhar em casa. Escolhemos nossa comida e sentamos ali onde os funcionários normalmente param para o intervalo. Aquele desconto de US$20,00 nos permitiu descansar, passear e rir juntos sem que as crianças interrompessem a cada cinco minutos.

Começando para valer no casamento

Saber quando economizar e quando gastar é parte de uma boa administração ao longo da vida. Como católicos, sabemos que há momentos de jejum e momentos de festa: o calendário da Igreja está cheio de ambos. Já reparou que a Páscoa dura cinquenta dias mas tudo o que fazemos é reclamar dos quarenta dias de jejum quaresmal? Cristo nos diz: "alegrai-vos e regozijai-vos, porque grande é a vossa recompensa no céu" (Mt 5, 12). Nossa vivência familiar deve refletir a alegria de ser católico.

Se vocês estão apenas começando o namoro, o noivado ou são recém-casados, quais são seus objetivos financeiros? O que te preocupa nas finanças? Já conversaram sobre isso? Se precisar, volte ao capítulo 1 e estabeleçam, juntos, alguns objetivos. Quanto mais cedo vocês dois alinharem as metas e começarem a buscá-las, melhor será o relacionamento de vocês. O casamento nem sempre é um mar de rosas. Às vezes o casamento é uma barra pesada. Não deixem ele mais difícil para vocês.

Planejar e pagar um casamento é a primeira oportunidade que muitos casais têm de conseguir este equilíbrio entre jejum e festa. Comparar suas listas de "coisas essenciais" dirá muito sobre os valores e prioridades um do outro. Isso vai dar o tom de como resolver conflitos e tomar decisões ao longo de sua vida de casados (sem pressão). Para o bem, para o mal, para sempre.

Nos dias que antecederam nosso casamento, Rob e eu nos vimos em um verdadeiro jogo desses de programa de auditório com seu pai. O pai de Rob se ofereceu para pagar uma semana de lua de mel no Caribe, como presente de casamento, ou nos dar o equivalente em dinheiro. Escolheríamos a porta número 1 ou a porta número 2?

Essa foi fácil! Pegamos o dinheiro e guardamos, depois passamos nossa lua de mel na casa de praia de um amigo. Foi uma decisão fácil para nós porque discutíamos nossas finanças desde o início do nosso relacionamento e tínhamos uma mentalidade econômica. Se não estivéssemos na mesma página, teria sido mais difícil tomar essa decisão.

Um ano depois, esse dinheiro e também todo o valor em dinheiro que recebemos de presente por nosso casamento tornaram-se o investimento inicial para nossa livraria cristã. Sem essas economias, não poderíamos ter aberto a loja e servido a Deus por dez anos dessa forma. Na época, julgávamos que isso era boa administração, economizando o máximo de dinheiro que podíamos. Não sabíamos o rumo que isso iria tomar. Apenas sabíamos que para nós seria melhor ter dinheiro no banco que um belo bronzeado.

Lembre-se de que o dia do casamento é apenas um, mas a vida sacramental e conjugal dura a vida inteira. Por favor, não destrua suas finanças com uma festa exagerada. Tenha um ótimo dia com boa comida, bons amigos, boa música e muita alegria. Só não esqueça que quando você voltar da lua de mel, todas as obrigações da vida estarão te esperando. (Se quiser mais detalhes sobre como nossa família organiza as festas de casamento, confira nosso material "Casamentos à moda Fatzinger", no site: www.avemariapress.com/products/catholic-guide-to-spending-less-and-living-more.)

Lições para cada temporada econômica

A boa administração assume diferentes formas durante as várias fases da vida. Ao longo de nossos mais de trinta anos de casamento, experimentamos diferentes "temporadas econômicas": a vida de recém-casados, a época dos filhos pequenos (incluindo os problemas de saúde e mudanças de emprego), a fase em que ajudamos os jovens adultos a começar suas próprias vidas, e envelhecer buscando uma aposentadoria. Ao longo desse caminho, cometemos muitos erros, mas tentamos aprender com eles e seguimos em frente mais fortes e mais sábios. Apesar de nem sempre parecer assim na época, esses erros fortaleceram nosso casamento.

Cada família enxerga as coisas de um jeito diferente, mas certas lições e princípios básicos se aplicam a todos.

1ª lição: Você nunca está jovem demais (ou velho demais) para ser um bom administrador.

No capítulo 10 faremos uma análise mais profunda de como educar crianças financeiramente independentes. Por enquanto, vamos abordar rapidamente a questão de ensinar as crianças sobre dinheiro. Nunca é cedo demais para começar a falar com seus filhos sobre dinheiro. Eles precisam saber desde cedo por que nós fazemos ou não fazemos certas coisas. Obviamente, se quisermos transmitir às gerações futuras temos que aprender primeiro.

Por exemplo, na nossa casa você escuta o refrão interminável: "Apague as luzes, feche a porta, não pegue mais do que você consegue comer." Não estamos dizendo essas coisas porque somos maus ou porque gostamos do som da própria voz. Estamos tentando enfatizar que deixar as luzes acesas custa dinheiro, não apenas encarecendo a conta de luz, mas também desgastando mais rápido as lâmpadas. O dinheiro desperdiçado nunca mais volta; se gastamos US$100,00 por mês a mais em alimentos e contas mais altas que não precisamos, são US$100,00 que não podem ser usados para fins mais produtivos: investir, ajudar os pobres, pagar dívidas etc.

As crianças precisam aprender pequenas responsabilidades para que, mais tarde, elas recebam responsabilidades maiores. Ensiná-las a apagar a luz ao sair de uma sala facilitará muito mais a manutenção e contas da casa delas quando elas crescerem. Com frequência falamos para nossos filhos: "Você precisa ter autocontrole nas coisas pequenas para ter autocontrole nas coisas grandes quando crescer." Quando nossos filhos eram pequenos, dávamos uma tigela de pipoca para eles e dizíamos: "Treinamento para ser santo: você só pode comer uma pipoca de cada vez." Isso ensinou lhes ensinou moderação e autocontrole. É claro que não fazemos isso o tempo todo – apenas quando precisamos praticar o autocontrole!

As crianças são crianças, claro – às vezes elas testam os limites dos pais. Portanto é importante incutir disciplina e responsabilidade quando são jovens. Recentemente peguei nosso filho de 10 anos escutando um audiolivro que nós já havíamos dito que ele só poderia ouvir após os 12 anos de idade, e depois de ler o livro físico. Disse a ele: "Se não podemos confiar em você em uma coisinha tão pequena como esta, como vamos poder confiar em você quando estiver mais velho e muitas outras tentações?"

Pode ser difícil ensinar para as crianças que algumas recompensas só se conquistam a longo prazo, mas (assim como os juros compostos) isso traz inúmeros benefícios mais tarde. Mick Jagger foi quem

provavelmente disse melhor: "Você não pode ter sempre o que quer!"*
Ensinar as crianças a ter paciência e a economizar para o que elas querem é uma baita ajuda quando são mais velhas, como diz nossa filha Lizzie:

Se queríamos algo além do básico, tínhamos que comprar. Todos nós arrumamos um emprego cedo. Aos 13 anos já trabalhávamos como babá ou levando cachorros para passear, e aos 15 ou 16 já trabalhávamos no mercadinho, na lanchonete, na academia etc. Como precisávamos trabalhar por aquilo que queríamos, aprendemos a pensar bem sobre o que valia ou não o nosso dinheiro, e a gastar de forma mais inteligente.

Ensinar autocontrole às crianças, bem como a paciência para conquistar o que queremos, é como ensinar os bebês a adormecerem no berço antes de eles aprenderem a ficar em pé. Se você esperar até que eles tenham idade o suficiente para ficar de pé por conta própria para ensiná-los a dormir, a hora de dormir vira uma batalha sem fim (e eu falhei nesse desafio vezes o bastante para saber o quanto isso é importante). Da mesma forma, se você ensinar seus filhos a ter autocontrole no gasto do dinheiro antes da adolescência, fará um favor a eles e a si mesmo.

Uma das vantagens de ensinar as crianças a cuidar do próprio dinheiro é que elas aprendem a dar valor às ocasiões especiais. Por exemplo, sair para comer é uma grande ocasião na nossa casa (levar uma família de dezesseis pessoas a um restaurante requer um empréstimo no banco, e trajes de proteção para os garçons). Uma ou duas vezes por ano, saímos todos juntos. Em 2021 tivemos uma grande noite em família porque um de nossos filhos fez seu jantar de ensaio para o

---

* Referência a "You Can't Always Get What You Want", música do Rolling Stones. (N.T.)

casamento. Na maioria das vezes, são duas pizzas de 80 cm na Grotto Pizza durante nossas férias na praia. Rob também leva cada criança individualmente para um almoço de aniversário todos os anos – e esses almoços de aniversário criam lembranças preciosas que cada criança se lembrará para sempre, porque são tão raros.

2ª lição: Deus não se deixa vencer em generosidade

No início do nosso casamento, quando mal conseguíamos ter o bastante para as necessidades básicas de cada mês, pagar o dízimo tradicional (10% de nossa renda) era difícil. Muitas vezes, confiamos nosso sustento a Deus – sustento financeiro, espiritual e físico. E não consigo lembrar de nenhuma época de sacrifícios de dinheiro e tempo em que as coisas não tenham dado certo (talvez não da forma que esperávamos, mas sempre para o nosso bem).

Uma maneira importante de dar seu tempo a Deus é gastar tempo com Ele em oração. São 1440 minutos todo dia. Quantos desses minutos você gasta em oração, meditação da Bíblia, adoração ou missa diária? Como você poderia encontrar uma maneira de ser um pouco mais generoso com o Senhor?

Às vezes Deus nos dá oportunidades inesperadas de compartilhar seu amor com os outros. Rob e eu fomos padrinhos de uma criança quando éramos recém-casados; ao encontrar uma foto dela recentemente, foi como se Deus me lembrasse de orar por ela depois de todos esses anos. Então, há seis anos, tivemos outra oportunidade de apadrinhar uma criança quando a Unbound, uma organização que trabalha com crianças carentes, visitou nossa paróquia. Olhei as fotografias e selecionei a de uma criança que se parecia com meu genro, pensando que sempre que Deus nos abençoasse com um neto, ele seria parecido com o pequeno José. Tenho certeza de que nós ganhamos muito mais apadrinhando José do que ele recebeu de nós, e amamos receber as cartas dele, especialmente quando ele nos chama de padrinhos e diz que está rezando por nós!

A boa administração é um dom que dá retorno – embora ele possa demorar anos. Por exemplo, as pessoas de nossa paróquia demonstram carinho pelas novas mães fornecendo refeições três vezes por semana após o nascimento do bebê. Depois que eu tive nosso décimo segundo filho por uma cesárea, passei por algumas dificuldades médicas e precisei fazer várias visitas ao hospital; uma amiga fez comida para nós por três meses! Agora, quando outra família tem uma necessidade, fico feliz em seguir em frente com essa corrente de bençãos. Uma ótima maneira de ensinar os filhos a serem bons administradores é mostrar-lhes o que é ser generoso – deixá-los que nos acompanhem na entrega de uma refeição para alguma nova mamãe, na visita a um idoso, a um amigo necessitado, ou para doar alimentos ao banco alimentar diocesano.

Às vezes, Deus recompensa de maneiras inesperadas. A Rede Gabriel é um ministério próximo de nós que ajuda mulheres grávidas em situações difíceis oferecendo terapia, treinamento profissional, alimentação e moradia. Sempre apoiamos essa organização de todas as maneiras possíveis – oração, trabalho voluntário e contribuição financeira. Em certo momento, Deus nos abençoou com um inesperado "retorno sobre investimento".

Após o bebê número doze, tive problemas para engravidar e depois sofri um aborto espontâneo. Foi um momento difícil para toda nossa família porque todos nós esperávamos outro bebê. Então um dia, em abril de 2012, recebemos um telefonema da Rede Gabriel dizendo que eles tinham uma emergência e um bebê de doze semanas talvez precisasse de moradia. Rob e eu conversamos e rezamos juntos (todo o processo levou cerca de trinta segundos enquanto eu deixava a ligação em espera) e decidimos que seria um prazer acolher como moradia de curto prazo. Um assistente social e um programa chamado Família Segura nos entrevistaram e discutiram os passos necessários para recebermos a criança. Uma coisa levou a outra e logo estávamos cuidando do pequeno Ray como se ele fosse nosso.

Durante o primeiro mês que Ray passou conosco, descobri que estava grávida de novo. Nunca estive tão feliz; então, com dezoito semanas, minha bolsa rompeu. Duas semanas depois, fiz o parto de Steven Thomas, que já tinha ido morar com o Pai do céu. Fiquei completamente arrasada. Sim, nós tínhamos sido abençoados com doze filhos, mas eu não estava emocionalmente preparada para a ideia de não poder ter mais filhos. Ter o Ray por perto para cuidar foi uma grande bênção para nós durante esse tempo de perda. O que era para ser uma estadia de "no máximo seis meses" se transformou em cinco anos de cuidado deste menino precioso. E então, Deus interveio com um milagre: perto do sexto aniversário de Ray, fomos autorizados a adotá-lo. Aprender a dizer sim e a confiar em Deus em todas as circunstâncias é um desafio, mas descobrimos que as recompensas são eternas.

3ª lição: É essencial que a família tenha hábitos de consumo inteligente

Gastar de forma inteligente (o contrário de gastar por impulso) é um dos princípios mais importantes e fundamentais da boa administração e de viver generosamente. Quando noivamos, Rob e eu discutimos o que acreditávamos que Deus queria para nossa vida e como usar os recursos que nos foram dados para alcançar isso.

Sabíamos que nossa vontade era evitar as dívidas e ter uma fonte de renda de forma que eu pudesse ser mãe em tempo integral para qualquer filho que tivéssemos.

No início do nosso casamento, a falta de dinheiro nos ensinou que certas coisas não eram necessárias para uma vida feliz e próspera. Não saíamos muito para comer nos primeiros dois anos de casados, a menos que nossos pais nos levassem para comer fora. O pai de Rob gostava de nos levar a bons restaurantes, e fazia graça de mim porque eu levava para casa o pão que sobrava. Ele gostava de fazer isso porque sabia que eu era muito grata e dava valor. É uma bênção ver nossos filhos assumirem esse estilo de vida. Gastar de forma inteligente nem sempre significa gastar a menor quantia de dinheiro possível. Significa considerar as opções e escolher aquela que tem o melhor custo-benefício. Aqui há alguns exemplos de como nossos filhos levaram o conceito a sério:

Compre roupas e equipamentos esportivos usados, mas de marcas e em boa qualidade. Quando você já tiver usado bastante, revenda. Eu faço isso no Marketplace do Facebook, shopgoodwill.com, Craiglist, eBay, Mercari e OfferUp. (Josh, 30 anos)

Faça um favor a si mesmo e compre a melhor comida! Se você tem uma casa cheia de comida que não te interessa, vai acabar pedindo alguma coisa para jantar. Portanto, compre a carne e o sorvete que você gosta; ainda sairá muito mais barato do que comer fora. (Alex, 31 anos)

Planeje com antecedência aquilo no qual você sabe que deseja gastar dinheiro. Não compre nada de imediato, se você não está precisando.

Eu tenho uma lista na Amazon; acrescento coisas a ela, e muitas vezes, depois de alguns dias, percebo que não preciso delas. (Lizzie, 26 anos)

Consegue pensar agora em alguma área da sua vida onde Deus possa estar te pedindo para ser mais inteligente com os recursos que Ele te confiou? No capítulo 3, analisaremos mais de perto o que significa gastar de forma inteligente e também trataremos das virtudes da prudência e diligência.

4ª lição: Mentores são aliados importantes na hora de abraçar a sua vocação

Quando nosso primeiro filho tinha 6 meses de idade, nós saímos de um limbo e abrimos uma livraria cristã. Depois de muita oração e muitas conversas com amigos e familiares, decidimos que era isso que Deus queria de nós. Como mencionei antes, usamos o dinheiro do nosso casamento e o dinheiro que economizei trabalhando antes da cerimônia para abrir a loja.

Durante o primeiro ano da livraria, trabalhei durante o dia com o bebê enquanto Rob estava no seu emprego no banco. Rob trabalhava à noite e aos sábados na loja, e eu aprendi a administrar nossa casa. Parte do aprendizado foi passar muito tempo com as mulheres que me orientaram. Minha filha e eu jantávamos várias noites com uma família grande e maravilhosa enquanto Rob trabalhava. Eles não apenas me ensinaram a receber bem os outros, mas também aprendi a hospedar e alimentar uma grande multidão. Também ajudaram a minha vida de oração, falando de nossa fé e rezando o terço em família juntos. Foi como um programa de trainee para me preparar para a futura grande família. Não faturamos com a loja no primeiro ano; reinvestimos todo o lucro e construímos o negócio. Vivíamos do aumento sutil do salário de Rob. Mal sabíamos que, enquanto negociávamos aluguéis e encomendas de produtos e acessórios, o bebê número dois estava a caminho! Ter dois bebês com quatorze meses de diferença provocou em nós outro salto de fé. Rob deixou seu emprego no banco e nós vivemos com vinte e cinco mil dólares anuais que podíamos tirar dos lucros da loja. Embora esta não tenha sido uma situação ideal para recém-casados, com a ajuda de Deus, da família e dos amigos, conseguimos atravessar esses primeiros anos com nosso casamento intacto.

Nunca nos sentimos realmente pobres porque nossa família e nossos amigos estavam sempre por perto para oferecer apoio emocional. Graças a Deus, todos eles nos apoiaram em nossas decisões, quer fosse para ter outro bebê, educação domiciliar, abrir nosso próprio negócio ou muito mais. Eles podem não ter sempre concordado conosco, mas nos apoiaram. E Deus tem, continuamente, abençoado nossos esforços.

Fomos donos daquela livraria por dez anos. Ela nos proveu até o aparecimento da Amazon. Após alguns anos de vendas em franca decadência, decidimos fechar a loja e passar para o próximo capítulo de nossa jornada. Esse foi um momento estressante, pois nos questionávamos sobre o que fazer para termos trabalho e dinheiro. Pouco tempo depois de fechar a livraria, Rob aceitou um emprego na área de TI e é isso o que ele tem feito nos últimos vinte anos.

Carregar no coração essas quatro lições de administração – uma forma de honrar a Deus através da maneira que você usa os recursos que Ele lhe confiou – é um passo importante para alcançar liberdade financeira. Antes de seguirmos para o próximo capítulo e tratarmos dos gastos inteligentes com mais detalhes, dedique algum tempo para considerar em qual destas quatro áreas-chave Deus pode estar pedindo que você cresça.

Lição de casa

- Quando você tomou consciência do chamado para ser um bom administrador das coisas que Deus te deu? Você tem administrado bem o seu dinheiro, seu tempo e seus talentos? Como Deus te pede para passar esta lição a outros membros de sua família?
- Você é generoso com Deus e os outros na forma como você usa seu tempo, seus bens e seu dinheiro? Você dá a Deus a melhor parte do seu dia? Como Deus tem sido generoso com você?
- Como você ajuda sua paróquia, e seus amigos e familiares em dificuldade? Quando foi a última vez que você aceitou ajuda? O que foi mais difícil e por quê?
- O que significa abraçar sua vocação? Como você pode ser um exemplo melhor para sua família, amigos e vizinhos?

III

Gaste de forma inteligente
(Rob)

> Tanto eu quanto meu marido trabalhamos menos de quarenta horas por semana. Temos três filhos e uma vida boa e confortável, e não, não ganhamos muito dinheiro. Isso é possível porque pensamos muito antes de gastar e gastamos com o que é importante para nós. Compramos uma casa que é dentro do nosso orçamento e temos prioridades em nossos gastos com lazer. Não trabalhamos em tempo integral e ajustamos nossas agendas para trabalhar em dias diferentes (eu trabalho por escala e ele tem sua própria empresa), e conseguimos mais tempo com nossos anjinhos queridos, além de economizarmos milhares de dólares por mês. Não é trabalho difícil, é trabalho inteligente!
>
> (Alex Fatzinger, 31 anos)

Certo, Sam teve sua atenção exclusiva nos dois últimos capítulos. Agora é minha vez! Este capítulo fala de gastar. Quem não gosta de gastar? Até mesmo Sam perde a cabeça em vendas de garagem onde tudo é uma pechincha. Isso pode ser parte do problema: às vezes, gostamos de gastar demais e perdemos o controle. Felizmente, nossa fé e o sacramento da confissão podem nos ajudar a voltar ao caminho certo, pois recebemos a graça de crescer em sabedoria e autocontrole.

Gastar de forma inteligente (ou "consciente") é gastar o dinheiro após avaliar suas necessidades com prudência e considerar, de maneira diligente, as suas opções. O que a prudência tem a ver com isso?

Considere o que o Catecismo da Igreja Católica diz: "A prudência é a virtude que dispõe a razão prática para discernir, em qualquer circunstância, o nosso verdadeiro bem e para escolher os justos meios de o atingir" (CIC, 1806). Nem tudo o que parece urgente é uma necessidade real. Como diz nosso filho de 8 anos: "Vontades são coisas de que não precisamos de verdade, como um iPod, e as necessidades são coisas importantes, como a comida." E quase sempre as verdadeiras necessidades podem ser supridas de várias formas.

A diligência é uma das virtudes favoritas da nossa família. Tentamos ensinar as crianças a trabalhar sempre um pouco mais, procurar oportunidades para ir além no trabalho, e não ficar à toa quando parece que não há nada para fazer. Encontre algo para fazer, limpe a casa antes que os pais voltem, não fique sentado perdendo tempo com a TV ou brincando no celular. Diligência é acordar mais cedo para fazer os trabalhos escolares e assim poder ir trabalhar depois sem ficar para trás na escola. Diligência é quando o universitário não perde uma aula, cumpre créditos extras, ou busca monitoria nas disciplinas quando precisa melhorar a nota. (Atenção, pois são os professores que estão pagando por isso e não nós. O tempo e o dinheiro estão no relógio e na carteira deles.) Um exemplo que é um grande problema para muitas famílias: a creche. Quando ambos os pais trabalham nos mesmos expedientes longe de casa, alguém precisa cuidar de seus filhos. Muitos casais gastam milhares de dólares por ano com os melhores cuidadores infantis que podem pagar, porque isso é muito importante para eles. Nossa filha Alex e seu marido analisaram suas opções e decidiram ir por um caminho diferente – escolheram trabalhos que permitem a eles se revezarem, para que um deles possam estar sempre em casa com as crianças. Nenhum dos dois trabalha em tempo integral, portanto é um sacrifício financeiro real. Mas para eles, o gasto inteligente foi alocar seus recursos na criação de um horário que lhes permita estar juntos o máximo possível, mesmo que isso signifique comprar roupas de segunda mão, não comer fora e abrir mão de TV a cabo.

Quatro passos para gastar de forma inteligente

Gastar com inteligência significa gastar o dinheiro de acordo com suas prioridades e valores pessoais, não como e quando os outros esperam que você gaste. Com gastos inteligentes, você sabe para onde seu dinheiro está indo. Você decide suas prioridades e dá prioridade a elas. Você aprende a planejar e a lidar com as contas não previstas. Deixa de comprar coisas que você "precisa" e esquece logo depois da compra, que ficam se acumulando pela casa. Você usa o seu dinheiro de maneiras positivas. Diz a ele para onde ir e o que fazer.

Gastando de forma inteligente, você controla seu dinheiro – ele não te controla! Os gastos inteligentes envolvem quatro passos fundamentais:

- Passo 1: Descubra suas maiores prioridades e objetivos.
- Passo 2: Crie um orçamento. Liste todas as fontes de renda e despesas.
- Passo 3: Saia das dívidas. Pague seus cartões de crédito e outras dívidas com juros altos. Se você não puder controlar seus gastos enquanto estiver usando cartões de crédito, mude para cartões de débito ou sistema dos envelopes com dinheiro.
- Passo 4: Economize e divirta-se. Não seja o Tio Patinhas.

Vamos dar uma olhada nesses passos, um de cada vez.

Passo 1: Descubra suas maiores prioridades e objetivos.

Eu sempre quis uma Harley-Davidson. Economizei por uma durante anos, e de alguma forma esse dinheiro se transformou em uma reforma na cozinha para Sam. O amor faz coisas estranhas conosco. Pessoalmente, acho que uma moto é mais importante do que novas bancadas e armários, mas parece que sou uma minoria. Deus pegou meu grande sonho e o transformou em algo que abençoou ainda mais pessoas — as dezesseis pessoas sob meu teto, para ser exato.

Não tenha medo de sonhar alto! Nosso Deus é um grande Deus e quer abençoar seus servos fiéis (cf. Mt 25, 14-30). Quando cuidamos bem do tempo, dos talentos e tesouros que ele nos confia, Ele nos abençoa muito mais do que poderíamos sonhar. Nem sempre você vai obter exatamente o que pede, mas não ficará desapontado. Os planos d'Ele são os melhores.

Então, quais são seus objetivos financeiros? Escreva-os e dê prioridade a eles. Você quer se aposentar mais cedo? Estar livre de dívidas dentro de alguns anos? Ter aulas de dança e se tornar uma profissional? Financiar uma nova capela ou uma biblioteca para sua paróquia? Talvez você queira começar seu próprio negócio ou voltar para a faculdade e terminar sua graduação. Quais são seus objetivos? Escreva-os em ordem de importância.

Se você é casado, faça esse exercício separadamente e então faça de novo com seu cônjuge e veja que objetivos vocês têm em comum. Discuta as metas que vocês não compartilham e cheguem a um acordo sobre se, e onde, elas estão na lista.

Como eu disse antes, nossas duas maiores prioridades são ficar sem dívidas e que Sam fique em casa com as crianças. Essas são metas altas, especialmente no atual momento financeiro. Sejamos francos — nossa cultura favorece a gratificação instantânea, a faculdade de prestígio financiada por empréstimos estudantis e créditos generosos para pagar carros novos e casas mobiliadas com luxo.

Sam e eu fomos abençoados com um início de casamento sem nenhuma outra dívida além da hipoteca da casa que compramos na cidade. Nós mobiliamos a casa com móveis de segunda mão, alguns achados em lojas de conveniência, e mobília de venda de garagem. A única coisa nova que nós compramos foi a cama (eu costurei alguns colchões usados).

Sam trabalhou fora de casa até o nascimento do nosso primeiro filho. Guardamos fielmente seu salário para que tivéssemos dinheiro para o futuro e nos acostumássemos a um estilo de vida com a renda de um único salário. Acabamos usando essas economias para abrir a livraria, e fizemos uma transição relativamente tranquila para a administração da loja. Fizemos as coisas dessa maneira porque era a única forma de atingir nossos objetivos, sem roubar bancos ou jogar na loteria. As prioridades mudam com o passar do tempo. Mantenha sua lista atualizada. Nossa maior prioridade hoje é que eu me aposente nos próximos cinco anos – talvez mudar para um trabalho de meio período e depois disso me aposentar totalmente. Isso me daria mais tempo para brincar com nossos netos (sete, e contando) e para correr.

Tenha em mente que suas prioridades também podem mudar antes de você alcançá-las. No momento em que estamos escrevendo este livro, o mundo está no meio da pandemia do coronavírus, e nossas contas de aposentadoria, como muitas outras, estão parecendo um bufê coma à vontade depois que nossa família passa por lá, de tão bagunçadas. Mas estamos mantendo o rumo e investindo dinheiro em nossas contas de aposentadoria a cada salário que recebemos, exatamente como fazíamos antes da pandemia.

Passo 2: Faça um orçamento.

Perto do final do livro do Gênesis há uma história sobre o patriarca José – o cara com um manto estiloso e que vendido pelos irmãos aos traficantes de escravos a caminho do Egito. Em poucos anos, José passou de escravo a segundo no comando do Egito, apenas abaixo do faraó. No capítulo 4, temos uma visão geral da razão pela qual um bom orçamento é parte importante de uma boa administração. Deus envia ao faraó um sonho, que José é obrigado a interpretar para ele: "Haverá sete anos de grande abundância para todo o Egito. Virão em seguida sete anos de miséria que farão esquecer toda a abundância no Egito. A fome devastará o país. E a abundância do país não será mais notada, por causa da fome que se seguirá, porque será violenta." (Gn 41, 29-31)

Bem, na maioria das vezes, Deus não nos envia sonhos de feixes de trigo murchos e vacas magras para nos avisar que há problemas pela frente. Mas como podemos ver nesse excelente exemplo bíblico, Deus ensina a José e a nós por que é tão importante orçar e economizar. Ao salvar o excedente em vez de gastá-lo durante sete anos de abundância, o Egito foi capaz de alimentar seu povo durante os sete anos de fome e evitar muitas mortes. É por isso que os fundos de emergência são uma parte tão importante de qualquer orçamento.

Na segunda parte deste livro, vamos nos aprofundar mais sobre o orçamento, a quitação de dívidas e a economia. Mas, por enquanto, vamos examinar o orçamento com uma lente de aumento.

Você é o CEO das próprias finanças. Você e seu cônjuge têm toda a responsabilidade pelo que acontece com seu dinheiro. Essa responsabilidade pode parecer assustadora, e intimidar. Mas se você começar a pensar em suas finanças domésticas como seu próprio pequeno negócio que precisa de uma supervisão desapaixonada, você estará no bom caminho para colocar sua economia doméstica em ordem. Quanto mais você puder manter a emoção fora dessa equação, melhor será o seu trabalho. Seja implacável ao criar e manter seu orçamento, como seria qualquer bom CEO que queira manter o emprego. Isso não significa que você tenha de encaminhar cada centavo até o dia em que você encontrará seu Criador. Mas você precisa aprender a monitorar seus gastos e compará-los com seu orçamento, para que você saiba quanto tem e para onde as coisas estão indo.

Passo 3: Livre-se das dívidas.

Se você acha que está até o pescoço com dívidas no cartão de crédito e nossa história não tem nada a ver com sua, continue lendo. A maioria de nós tem que aprender a lidar com crédito, e em muitos casos, isso significa aprender com os próprios erros!

E eu não sou exceção. Entre terminar minha faculdade e noivar, um período de cerca de um ano, eu adquiri uma dívida de US$1.000,00 no cartão – um valor aceitável no final dos anos 1980 para um cara que acabou de sair da faculdade e que trabalhava em um emprego básico. Aquela dívida, então, virou uma bola de neve, enquanto eu saía depois do trabalho com os amigos e comprava coisas que pareciam importantes na época. Também fiz um empréstimo de US$3.000,00 para adquirir um carro usado.

Então meu relacionamento com Sam chegou ao ponto de querermos passar o resto da vida juntos, e levamos a sério a ideia de viver com uma única renda. Assim, durante nossos doze meses de noivado, pagamos o empréstimo do carro e o cartão de crédito. Foi difícil e algumas vezes doloroso, mas eram nossas principais prioridades. Desde que pagamos essas dívidas no início de 1989, permanecemos livres de qualquer dívida além da nossa hipoteca.

Por que isso é tão importante? Nem todos vão concordar, mas chegamos à conclusão de que a maioria das dívidas é detestável. Cada dólar gasto em taxas é um dólar que não pode ser gasto em coisas mais significativas. Se você olhar para todas as coisas que precisa espremer dentro do seu orçamento, perceberá que pagar 18% de juros ou mais para comprar coisas que você não consegue nem lembrar depois de alguns meses é suicídio financeiro.

Lembre-se, empresas de cartão de crédito não são suas amigas. Desde que você pague o mínimo a cada mês, elas ficarão felizes. Mas com pagamentos mínimos você pode levar anos para pagar aquele jantar caro ou par de sapatos Jimmy Choos – ou meus vários sapatos em liquidações especiais na K-Mart, no caso.

As empresas de cartão de crédito adoram quando clientes fazem apenas o pagamento mínimo mensal. É uma forma legalizada de escravidão por dívidas. Eles querem que você continue pagando apenas o mínimo, para sempre. Por quê? Aqui está um exemplo real, retirado de um dos meus extratos de cartão de crédito.

Digamos que minha fatura atual do cartão seja de US$3.826,33. A uma taxa de juros de 16,99% e um pagamento mínimo de US$38,00 por mês, levarei treze anos para pagar, a um custo total de US$8071,00. Isso é um custo adicional de US$4244,67. (Observe a taxa de 16,99%. Tenha em mente que a taxa de juros de uma conta poupança típica é inferior a 0,06%. Deixe a ficha cair por um minuto.)

Eu não me meto com bancos; trabalhei em um durante oito anos. E não estou dizendo que você não deve ter um cartão de crédito: Sabemos que as emergências são realidade, e às vezes um cartão de crédito é o único recurso que temos para cobrir uma emergência. Mas se quisermos ser chefes do nosso dinheiro em vez de deixar nossas finanças nos governarem, devemos sair desse ciclo de juros altos. Pagar a dívida e constituir um fundo de emergência, para não sermos forçados a usar cartões de crédito.

Precisamos praticar as virtudes da prudência e diligência para gastar de forma inteligente e nos habituarmos a viver dentro de nossas possibilidades. Será uma luta, muitas vezes nada divertida. Pode levar anos em alguns casos, mas valerá a pena. Deus não quer que seu povo seja sobrecarregado por dívidas – basta perguntar a São Mateus, que é o padroeiro das finanças. Isso se aplica a empréstimos para compra de carro, empréstimos estudantis, empréstimos pessoais. Qualquer empréstimo com juros altos se enquadra nessa categoria.

Empréstimos para carro novo são meu desgosto particular. Por que tantas pessoas compram carros novos com crédito? Sim, o mais novo Corvette tem um visual fantástico. Mas o que há de errado com um carro que tem alguns anos e metade do valor da versão novinha em folha? Passamos os últimos trinta e cinco, quarenta anos, comprando carros bem conservados entre três e quinze anos de idade. Contando Sam, eu e nossos nove filhos com idade para dirigir, foram cerca de trinta carros nesse meio tempo. O preço dos carros variou de US$500,00 (um Hyundai de quinze anos que ainda está funcionando após dois anos de nossos adolescentes abusando deles) a US$19.000,00 (uma van de três anos para quinze passageiros que está funcionando bem após dez anos, e provavelmente teremos mais dez).

A média atual das taxas de juros para empréstimos para automóveis novos varia de 5% (para aqueles com uma boa avaliação de crédito) a 12% (para aqueles com má avaliação). Sim, sabemos que há acordos de 0% de taxas de juros para aqueles com melhor pontuação de crédito. Mas não existe almoço grátis. As concessionárias de automóveis não cobram 0% porque você tem um sorriso bonito e uma personalidade encantadora. Eles precisam empurrar certos modelos de carros. E para conseguir essas condições especiais, você normalmente precisa renunciar a qualquer incentivo em dinheiro que eles oferecem. Você realmente quer fazer pagamentos nos próximos sete anos por um veículo que começa a perder valor no momento em que você o conduz para fora da loja da concessionária? Esse cheiro de carro novo é agradável, mas você pode comprar um aromatizador ambiente por menos de um dólar. Agora, se você é milionário e está caindo de cabeça, compre esse novo Corvette e arrume um para mim também.

Passo 4: Economize e divirta-se.

Parafraseando o personagem Dean Wormer do filme "Clube dos cafajestes", economizar sem gastar não é maneira de viver a vida. Poupar e economizar dia após dia, ano após ano, é um fardo. Se você nunca compra nada de divertido para si mesmo, é provável que você surte e acabe gastando muito em algum momento. Tivemos que aprender isso da maneira mais difícil. Houve uma época em que raramente gastávamos dinheiro em algo que não fosse necessário. E descobrimos que ser muito parecido com o Tio Patinhas deixa a vida muito pesada.

Com o tempo, afrouxamos e começamos a gastar dinheiro com mais liberdade. Até pegávamos guacamole extra na lanchonete mexicana! Nossos filhos mais velhos pensam que somos milionários porque agora compramos toalhas de papel, mas só se elas estiverem em promoção!

Tenha um pequeno espaço de manobra no seu orçamento para que você possa se divertir de vez em quando. O segredo é moderação. Não estamos falando de passar um fim de semana nas Bahamas, ou rosários de ouro. Faça as unhas, saia para um bom jantar, compre uma roupa nova em um bom brechó. Se você quiser esbanjar em algo mais caro, economize o dinheiro para isso.

Ter alguma soma de dinheiro no bolso para lazer também é uma boa ideia. Dê uma mesada a si mesmo. Se você é casado, concordem quanto cada um terá com gastos livres a cada mês. E uma vez que estejam de acordo quanto ao valor, não critiquem o que cada um faz com o dinheiro (desde que seja algo legal e dentro da moralidade).

Eu corro diariamente há décadas; é a minha fuga da loucura em casa. Consumo muitos sapatos, oito a dez pares por ano. Também sou proprietário de um Camaro de 35 anos, que estou restaurando há oito anos. Esses são meus passatempos e as áreas em que eu gasto comigo. Sam apoia minhas obsessões na maior parte das vezes. Deus abençoe essa mulher.

Sam gosta de ir a brechós e lojas de usados e negociar roupas, livros e artigos domésticos. Ela também gosta de pedicure vez ou outra, e é claro, de comprar presentes para os netos. Comprar presentes que estão com bons descontos é um dos seus passatempos. Ela tem um armário cheio de itens que ela pode usar como presente. Isso nos impede de ter que correr até a loja toda vez que uma das crianças é convidada para uma festa de aniversário. Tudo o que ela precisa fazer é pegar a caixa apropriada (presentes de menina, de menino, de bebê etc.) e deixar a criança convidada escolher um presente. Essa estratégia economiza idas extras às lojas e nos permite evitar tanto a compra por impulso quanto pagar o preço total pelos itens de presente.

A LEI DO EQUILÍBRIO: GUARDANDO PARA MAIS TARDE

No início deste capítulo falamos das virtudes da *prudência* e da *diligência*. Esses santos hábitos se aplicam igualmente ao que você compra e ao que você escolhe *não* comprar (isto é, sua economia)! No capítulo 9 vamos explorar mais detalhadamente as engrenagens da poupança, mas agora gostaria de falar um pouco sobre a mentalidade da diligência ao espremer seus trocados, centavos (e mesmo dólares!) e guardá-los para os dias difíceis. Eu conheço um cara que só usava notas grandes para pagar as próprias compras. Ele pegava todas as moedas e notas de um dólar que recebia de troco e as escondia em um frasco, depois outro e mais outro. Um dia ele somou todos esses trocos e descobriu que tinha mais de US$900,00!

Viver uma vida equilibrada e gastar com inteligência requer sacrifício, autocontrole e algum bom senso. Também envolve estar atento às pequenas inspirações do Espírito Santo. Algumas vezes é mais fácil ouvir, mas gradualmente e com esforço (combinado com muita oração, meditação da palavra e vida sacramental), você melhora com o tempo.

Você já rezou antes de fazer uma compra grande? Confesso que frequentemente esqueço de fazer isso. Sam, que é conhecida por ficar fora de controle nos brechós e lojas de usados, pede ao Espírito Santo que lhe dê autocontrole e sabedoria em qualquer compra. Passar algum tempo em oração antes de ir comprar um carro, por exemplo, seria o ideal. Se você estiver realmente em um aperto financeiro, procure São Judas Tadeu, o patrono das causas perdidas ou Santa Francisca Romana, padroeira dos motoristas (Santo Elígio, padroeiro da mecânica de carros, é o intercessor a quem recorrer se você queima alguma coisa e o fundo de emergência está em ruínas).

Descobrimos também que a oração nos ajuda a discernir a melhor maneira de ajudar os outros que estão lutando sob o peso de uma cruz particular. Como cristãos, precisamos temperar prudência e diligência com a compaixão e ir ao encontro daqueles que estão lidando com grandes problemas de saúde, crianças deficientes, pais idosos e outras dificuldades. Aprendemos que nenhum de nós está imune ao sofrimento em certas épocas da vida, mas a oração é uma fonte poderosa de força. O povo de Deus e nossa Igreja têm muitos auxílios disponíveis para aqueles que estão em necessidade. Depois que nosso filho precisou de cirurgia, partilhei com a esposa de nosso diácono que nosso seguro não cobria tantos custos quanto esperávamos. No dia seguinte ela bateu à nossa porta com um cheque da Sociedade de São Vicente de Paulo para nos ajudar a pagar uma parte da cirurgia. Nosso fundo de emergência – constituído de forma lenta e consistente ao longo do tempo – aliviou o fardo e manteve os níveis de estresse sob controle.

Se você acaba de começar sua jornada financeira ou está se recuperando de um revés, não se preocupe com uma poupança pequena ou vazia; apenas comece a guardar algo nela a cada pagamento. Mesmo que seja apenas alguns dólares. Crie o hábito de poupar sempre e faça isso com frequência. Aumente a quantia o quanto você puder.

Lição de casa

- No seu caderno GMVM escreva uma oração que reflita suas necessidades e fraquezas particulares quando se trata de economizar para o futuro. Fale com Deus sobre a ajuda que você mais precisa.
- Tendo em conta seu estado de vida atual, o que você pode fazer hoje para gastar de forma mais inteligente?
- Seu orçamento atual reflete suas prioridades? Avalie.

- Reveja seus extratos de cartão de crédito dos últimos meses. Você tem mais desejos ou necessidades? Onde você poderia reduzir gastos para melhor atender suas metas financeiras?
- Você tem um fundo de emergência e um valor pessoal reservado para cada mês? Você e seu cônjuge (se for casado) concordam com suas metas financeiras? Se não, marquem uma reunião e discutam. Se você não sabe por onde começar, procure um mentor.
- Você tem feito algo divertido para si mesmo ou para alguém que você ama? Lembre-se de viver um pouco.

IV

Aprenda a estar satisfeito
(Sam)

Dirija seu carro até ele não poder mais. Acabei de me livrar do meu Oldsmobile Alero de 2002. No momento de sua morte, ele tinha cinco luzes de advertência acesas no quadro das luzes, dois vidros elétricos que não subiam mais, e esses eram os pontos fortes do carro. Fiz valer o dinheiro que investi nele, e, além de tudo, não morri enquanto o dirigia.

(Caleb Fatzinger, 28 anos)

Eu não gosto de usar a palavra "literalmente". Meus filhos adolescentes dizem isso *literalmente* o tempo todo. Mas nós somos *literalmente* bombardeados durante o dia inteiro com propagandas. Para onde quer que nos voltemos, há anúncios de produtos. Na TV, no rádio, nos ônibus, nos jornais, nos outdoors, no computador e no celular e até mesmo no folhetinho da igreja.

O Google, o Facebook e outras empresas de mídias sociais sabem mais sobre você do que seus amigos e familiares. Tudo o que você faz em sites e aplicativos é rastreado, registrado e vomitado de volta para você na forma de anúncios dos mais sofisticados, planejados para te separar do seu dinheiro. Mas você pode vencer o consumismo em sua vida rezando, jejuando e gastando com cuidado. E uma vez que o faça, estará se libertando. Literalmente.

Guardar dinheiro é... divertido?

Nos primeiros anos do nosso casamento, Rob havia acabado de começar em um cargo de nível básico no setor bancário. Seu salário não era particularmente grande. Uma das coisas que ele fazia para economizar era levar comida de casa (ele é bem introvertido, então isso era uma boa desculpa para evitar companhia). Nós íamos ao mercado e comprávamos as "pontas" (últimas fatias de carne e queijo que eram embaladas e vendidas por cerca de um dólar o quilo). Depois, íamos para casa e fazíamos cerca de quarenta sanduíches em um pão branco genérico. Naquela época, era possível conseguir três pães por um dólar. Uma fatia com maionese, a outra com mostarda e a carne ia na fatia de mostarda, porque, tenho certeza de que você deve saber, o amarelo da mostarda não pode tocar o amarelo da maionese. Sim, Rob é esquisito. Então, os sanduíches iam em sacos de plástico e eram todos empilhados no nosso freezer; e ele levava dois deles todos os dias para almoçar no trabalho. Trazia o mesmo saco marrom que ele levava para o trabalho de volta para casa todos os dias, e o reutilizava durante a semana. Toda segunda-feira ele "esbanjava" e começava a semana com outro saco para levar o almoço. Rob é uma dessas pessoas que está satisfeito em comer o mesmo almoço dia após dia, semanas após semana, mês após mês, ano após ano. Ele não faz questão de comer coisas diferentes e quase nunca come sobremesa ou "porcarias", uma característica com a qual não identifico e que às vezes me incomoda.

Tentar fazer o sanduíche mais barato possível virou uma espécie de jogo. Faríamos de quarenta a cinquenta sanduíches de cada vez a um custo de cerca de US$0,25 cada, ou US$0,50 por dia no final dos anos 1980. Levar o almoço para o trabalho tornou-se um hábito que perdura há 35 anos. Rob prefere comer sozinho, e ele gosta de poder fazer um almoço saboroso ou levar sobras gastando muito menos do que faria se comesse fora. Portanto, ele considera uma estratégia vantajosa para nós. De vez em quando ele sai para almoçar com seus colegas de trabalho, para comemorar um aniversário, aposentadoria ou outra ocasião especial. Abrir mão disso só para economizar alguns dólares já seria ir da austeridade para a avareza... e faria dele um sujeito meio chato.

Dando valor ao que temos

Especialmente se você está começando a reestruturar as finanças, talvez descubra que apenas cortar a gordura não é o suficiente para fechar o mês. Talvez você precise encontrar outras maneiras de ganhar dinheiro, através da venda de coisas que você não usa ou até mesmo pegar trabalhos paralelos. Talvez você precise voltar a estudar, obter um outro diploma ou certificação para conseguir um emprego melhor (veja nosso conteúdo "Faculdade à moda Fatzinger" no site da Ave Maria Press em www.avemariapress.com/products/catholic-guide-to-spending-less-and-living-more), ou talvez você precise diminuir seu guarda-roupa, casa ou carro. Peça a Deus que mostre aquilo que Ele quer.

Trabalhos extras podem ajudar a atingir um objetivo específico. Durante anos, no tempo em que fomos donos da livraria, Rob cortava grama em meio período. Ele tinha um pequeno trailer para transportar o equipamento de corte, e cortava dez metros quadrados por semana, de abril a setembro, para ajudar a pagar as contas. Essa sua ética de trabalho está em seu DNA, e passou para nossos filhos: Nosso filho de 18 anos está atualmente trabalho em jornada dupla para pagar a mensalidade da faculdade, entregando comida para aplicativos. As horas são flexíveis e o salário é bom US$15,00 a US$20,00 por hora).

Cinco anos atrás, decidimos esvaziar a casa e vender algumas de nossas tralhas no eBay. Foi incrível a quantidade de coisas que encontramos para vender. A maioria delas nem sequer conseguíamos lembrar por que tínhamos comprado, em primeiro lugar. Rob vendeu uma coleção de moedas de prata do Caribe que ele havia comprado no final dos anos 1980. Ele não faz ideia do motivo de tê-las comprado. Foi apenas uma das muitas compras lamentáveis dos últimos anos.

Descobrimos que as pessoas compram quase tudo no eBay. Vendemos quase US$6.000,00 em coisas garimpadas de nossos armários e sótãos. Se você não quer lidar com o incômodo de vender coisas on-line, encontre alguém com esse talento ou faça isso como renda extra. Temos um ótimo amigo aqui na cidade que vende livros e às vezes outros produtos por uma taxa de 20%. Vale a pena para nós, quando estamos ocupados com a vida, deixar uma caixa de livros em sua porta com nosso nome e depois receber um pequeno cheque pelo correio.

Austeridade demais?

Se você se deixar levar e ficar obcecado em guardar dinheiro, você pode passar da austeridade para a avareza. A virtude da temperança – não exagerar – é a chave para a satisfação e nos ajuda a encontrar um equilíbrio entre a austeridade e mesquinharia. O Catecismo nos recorda:

A temperança é a virtude moral que *modera a atração dos prazeres* e *proporciona o equilíbrio no uso dos bens criados*. Assegura o domínio da vontade sobre os instintos e mantém os desejos nos limites da honestidade. A pessoa temperante orienta para o bem os apetites sensíveis, guarda uma sã discrição e não se deixa arrastar pelas paixões do coração (CIC, 1809, grifos meus).

A pessoa austera faz compra em bazares, estoca carne moída quando está em um preço bom, e só compra carros usados. O avarento espreme os pés dos filhos em sapatos dois números menores, procura comida dentro da lixeira e pega emprestado o cortador de grama do vizinho durante o verão inteiro. Percebe a diferença?

Admito que às vezes passamos dos limites. Por exemplo, durante algumas semanas, Rob (viciado assumido em café) reaproveitou a borra do café. Não vale a pena. Não economiza tanto e o café tem gosto de gambá velho e morto. Assim, após o fracasso da experiência, ele voltou a fazer seu próprio café, mesmo quando viajava. Dessa forma, ele economiza muito. Sendo um pouco obcecado com os números, ele calculou que lhe custava US$0,20 um café pequeno e US$0,40 um café grande (usando um café de boa qualidade, não um genérico). Isso é muito mais barato do que pagar US$2,00 em uma cafeteria. Ele afirma não ter ido nem dez vezes ao Starbucks em toda a sua vida. É claro que ele poderia economizar ainda mais trocando o café pela água da torneira. Mas como ele bebe café há quarenta anos, as crises de abstinência seriam feias e poderiam custar várias idas ao confessionário.

Jejum de gastos

Não! Não falo de abrir mão de pagar as contas! A maioria de nós não precisa de ajuda com isso. Falo de jejuar das compras e gastos desnecessários. Assim como o jejum não é de salada, mas da comida que nos apetece, em vez de comida aqui você abre mão de gastar com o que não é essencial. Nossa filha Barbara (25 anos) escreve: "Comecei a fazer um mês 'sem compras' pelo menos uma vez por ano; é quando não posso comprar nada que não seja essencial (basicamente, só compro comida e papel higiênico). Isso me ajuda a diminuir o ritmo e evita compras por impulso."

Anos atrás, começamos a prática do jejum de gastos duas vezes por ano, durante a Quaresma e em julho, tradicionalmente as épocas que funcionam melhor para nós. A Quaresma é um tempo natural para jejuns e mortificações. E julho é um mês calmo para nós, a maioria dos dias gastos na piscina ou na praia. Escolha um mês que você acha que será capaz de se manter fiel. A maioria das famílias vai querer evitar os meses de férias de fim de ano, como novembro e dezembro.

A primeira vez que Rob e eu discutimos a ideia de fazer um mês de jejum dos gastos, no final de junho de alguns anos atrás, eu achei que seria fácil. Rob disse: "Nós vamos conseguir! Podemos começar amanhã."

Claro, não é nada demais. Como eu estava errada!

Tivemos uma conversa com todas as crianças sobre gastos, ou melhor, sobre *não* gastar, pois haveria muitas oportunidades para gastar em julho na piscina do bairro. Falamos da importância de não comprar coisas desnecessárias no mês, coisas como roupas de equipe de natação e petiscos na piscina. Um dos meus filhos disse: "Isso é tão constrangedor. Por que precisamos fazer esse jejum?"

Expliquei que não há nada embaraçoso quando o pai deles adiantava parcelas da nossa casa e do carro — ou quando eles podiam comprar o próprio carro aos 16 anos com o dinheiro que tinham economizado. Isso não significa que eu passei por aquele primeiro jejum de gastos sem qualquer escrúpulo materno. Quando a equipe de natação do nosso filho tirou uma foto do grupo com suas roupas de equipe e ele usando apenas uma camisa amarela normal, achei que ia chorar. Depois daquilo, jurei que não faria outro jejum desses enquanto estivéssemos com algum filho pequeno. Foi muito difícil.

No entanto, todos os anos nós optamos por fazer de novo. Cada um desses pequenos sacrifícios nos ensinou a estarmos satisfeitos com o que temos, e tenho certeza de que eles também enriqueceram a vida espiritual de nossa família.

É importante não trapacear o jejum estocando coisas antes do tempo. O objetivo do exercício é aprender a ser grato pelo que temos, estarmos satisfeitos com nossas coisas. Por isso, não compre um monte de coisas no mês anterior ou saia catando tralhas no mês seguinte. Também não faça compras online, ou fique comprando bobagens no mercadinho.

Colocar essas pequenas coisas em prática pode ser muito difícil – pelo menos para nós, na primeira vez que tentamos. A parte mais complicada foi descobrir o que é "essencial": pagar as parcelas da casa, contas, gastos médicos, caridade, gasolina, compras do mercado (mas não a carne ou os produtos de limpeza). Esses jejuns são uma ótima oportunidade de limpar a despensa e o freezer. Essa lata de sardinhas aceboladas vai cair bem com a sacola de quiabo congelados e as linguiças de frango que você encontrou no fundo do freezer.

Também são coisas "não essenciais" outras formas de se gastar dinheiro, como comer fora e comprar presentes (é melhor estar abastecido de presentes). São atividades que custam dinheiro. Procure por oportunidades gratuitas – visita aos museus, bibliotecas, parques e trilhas para caminhada. Prepare-se para as tentações que, sem dúvida, virão; tentações de compras que você normalmente nunca consideraria fazer. "Droga, eu realmente adoraria comprar aquele bonequinho do Papa!" Ou: "Acho que preciso de enfeites de jardim esse mês." É parecido ao que acontece às sextas-feiras durante a Quaresma, quando de repente você tem uma enorme vontade de um hambúrguer quádruplo. É o fascínio pelo fruto proibido. Não ceda. Resista. Reze. Mas, se você escorregar, comece de novo no dia seguinte.

Como forma de deixar o mês de jejum divertido, escreva as coisas que você se sente tentado a comprar. No final do mês, revise a lista. Você vai descobrir que não lembra da maioria dos itens.

Quando o mês terminar, você vai ter algum dinheiro extra no orçamento. O que você vai fazer com ele? Bom, depende de você. Eu sugeriria o uso de parte do dinheiro para pagar dívidas ou aumentar sua poupança. Você também poderia dar como dízimo ou ajudar sua instituição de caridade favorita. Você poderia também usar parte do dinheiro para comprar um item da sua lista, como recompensa pelo mês de sucesso (assumindo que você ainda queira o item em questão). O que quer que você faça, reserve um momento com sua família no fim do mês para fazer um balanço e conversar sobre o que vocês aprenderam com a experiência, e agradecer a Deus juntos por tudo o que vocês agora dão mais valor.

Ferramentas espirituais para uma vida de satisfação com o que se tem

A Igreja nos oferece algumas ferramentas práticas maravilhosas para crescermos em temperança, vencer o consumismo e o excesso de gastos e sermos mais satisfeitos com o que temos. Aqui estão algumas delas.

Oração. Deus quer falar conosco e quer que falemos dos nossos problemas. Rezamos por nossos amigos, nossa família, pelos falecidos e pedimos ajuda especial em todo o tipo de assunto. Então, por que não rezar pedindo conselho e força ao tentar conter os gastos excessivos? Cada vez que você pegar sua bolsa ou carteira, invoque a Deus e peça que Ele abençoe o que você está fazendo (é um grande obstáculo para os gastos impulsivos).

Encontre algum versículo bíblico favorito e carregue-o na ponta da língua. Aqui estão alguns exemplos:

- "Vivei sem avareza. Contentai-vos com o que tendes..." (Hb 13, 5)
- "Guardai-vos escrupulosamente de toda a avareza, porque a vida de um homem, ainda que ele esteja na abundância, não depende de suas riquezas." (Lc 12, 15)
- "Não ajunteis para vós tesouros na terra..." (Mt 6, 19)

Ao longo do dia, ofereça esses versículos a Deus. Você também pode fazer orações curtas que o mantenham próximo de Jesus, como as seguintes:

- "Jesus, eu confio em vós!"
- "Senhor, tende piedade!"
- "Vinde, Espírito Santo!"
- "Jesus, Maria e José, socorrei-me. Senhor, seja feita a vossa vontade!"

Orações como essas serão seu incentivo pessoal por força e encorajamento.

Jejum. Falamos do jejum de gastos, mas o que dizer do jejum tradicional, de alimentos? Também podemos usar essa ferramenta para ajudar nos gastos excessivos.

Jesus jejuou quarenta dias e quarenta noites em preparação para as tentações de Satanás que Ele enfrentaria. Embora eu não recomende jejum por quarenta dias seguidos, jejuns menores podem ser uma boa forma de quebrar padrões de consumo e de gastos em excesso.

Você quer que Deus te dê forças para evitar dívidas ainda maiores? Que tal abrir mão de uma refeição? Ou desistir da sobremesa por uma semana? Talvez você tenha uma queda por açúcar no café; consegue beber sem açúcar por alguns dias? Ou, digo mais, ficar sem café? Faça uma oração junto a cada pequeno jejum para um aumento nas virtudes que o ajudarão a evitar excesso de gastos.

Sacrifícios. Fazer um pequeno sacrifício é uma prática devocional que a maioria de nós associa à quaresma, mas podemos fazê-lo a qualquer momento. Por exemplo, se você está na loja comprando coisas que precisa, e vê algo que não é essencial mas que você realmente gostaria, a tentação de colocá-lo no carrinho pode ser forte. Não é *tanto* dinheiro, você pensa, e *provavelmente* você poderia pagar a fatura do cartão quando chegar o vencimento.

Em vez de raciocinar dessa forma, coloque o item de volta na prateleira e ofereça-o como um pequeno sacrifício por outra pessoa. Pense em um membro da família ou amigo que está passando por tempos difíceis e que precisa de oração.

Esses pequenos atos de sacrifício não precisam envolver dinheiro. Quando uma criança está passando por momentos difíceis, eu uso o armamento pesado: banho frio. Acredite, esse é o meu sacrifício mais difícil, quando estou desesperada. Olha, é bom que isso faça de todos nós santos!

Exame de consciência. Dependendo da sua relação com o dinheiro e do estado de sua conta bancária, talvez você precise considerar os gastos no seu exame de consciência diário. Ao pensar no sétimo e no décimo mandamento ("não roubar", "não cobiçar as coisas alheias"), você é capaz de lembrar de algo que fez e não deveria ter feito? Ou deveria ter feito e não fez? Você...

- Reclamou, criticou ou fez fofoca de outra pessoa por inveja ou orgulho?
- Fez uma doação generosa a alguém em necessidade?

- Consumiu excessivamente, sem temperança?
- Gastou dinheiro de forma impulsiva?
- Trapaceou, mentiu ou pegou algo que não lhe pertence?
- Descumpriu o próprio orçamento?
- Lembrou-se de agradecer pelas bênçãos de Deus?

Se está com dificuldades com os gastos, busque se confessar todo o mês ou, melhor ainda, vá à missa todo dia.

Deus faz milagres. Seus sacramentos nos dão a graça de resistirmos à tentação. Eu digo a meus filhos o tempo todo que a comunhão diária é meu oxigênio e minha pílula de sabedoria. Ela tem me guiado por todos esses anos de pequenas e grandes decisões diárias. Acredito que foi isso que me ajudou a ser a mulher que sou hoje. Faça um esforço maior esta semana para passar um tempo com Jesus no sacrário de sua paróquia. Peça a Ele a graça de estar satisfeito com o que você tem.

Lição de casa

- Que oportunidades você tem de praticar a virtude da temperança? Como você tem se saído? (Inclua as vitórias, e não só as derrotas. O ponto não é se maltratar.)
- Como você pode ser mais austero sem ser mesquinho?
- Escolha um período de tempo para tentar um jejum de gastos – apenas uma semana, para começar.
- O que você tem feito para estar perto de Deus e buscar ajuda com seus hábitos de consumo? Como você pode se fortalecer nisso através da oração, do jejum e da recepção dos sacramentos?

V

Seja generoso
(Sam)

Pague o dízimo para sua igreja e/ou outras instituições de caridade. Escolha as causas em que você acredita e dê apoio. Mesmo que as finanças estejam apertadas, dê o que puder. Por exemplo, o seu tempo. Muitas vezes é mais difícil dar o seu tempo do que o seu dinheiro.

(Lizzie Fatzinger Rowedder, 26 anos)

Convém lembrar: Aquele que semeia pouco, pouco ceifará. Aquele que semeia em profusão, em profusão ceifará. Dê cada um conforme o impulso do seu coração, sem tristeza nem constrangimento. Deus ama o que dá com alegria."

(II Cor 9, 6-7)

Uma das maiores graças quando temos um certo nível de conforto e estabilidade financeira é poder tratar com generosidade os próprios recursos. Mas se não tivermos cuidado, à medida que somos mais prudentes com as finanças, podemos ficar mais egoístas com o dinheiro. Portanto, vamos olhar um pouco para uma das virtudes irmãs da generosidade: a caridade. Como cristãos, não podemos nos esquecer que a caridade deve ser a nossa característica mais marcante.

Nas palavras de Jesus: "Onde está teu tesouro, lá também está teu coração" (Mt 6, 21). Acredito de verdade que elas foram um auxílio para Rob e eu começarmos nossa vida de casados sem muito dinheiro.

Tivemos que aprender a orçar desde o início. E logo percebemos que nosso dinheiro pertencia a Deus, assim como nosso casamento e nossa família estão em suas mãos. Isso significa não hesitarmos em compartilhar com aqueles que Ele fez cruzar nosso caminho. E às vezes, devido a maneira de Deus agir, terminávamos recebendo mais do que doamos.

Por exemplo, as fraldas de pano. Uma das tarefas diárias mais difíceis quando eu era mãe de crianças pequenas era trocar e lavar fraldas de pano para um ou dois filhos. As fraldas de pano daquele tempo não eram as fraldas extravagantes bonitinhas com velcro: falo aqui de alfinetes de fralda e calças de borracha.

Uma vantagem das fraldas de pano era que recebíamos algumas de segunda mão dos amigos que começavam a usá-las pensando no meio ambiente e desistiam mais ou menos um mês depois. Assim, com frequência recebíamos conjuntos quase novos, pouco usados. Quando morávamos na cidade e eu estava esperando o bebê número 4, eu era muito grata a essas fraldas que me ajudavam a guardar os centavos que precisávamos para comprar uma casa com quintal! Aprendemos muito sobre generosidade por estarmos tantas vezes no lado que recebe.

Quando a caridade começa em casa

Eu amo conhecer gente nova, na igreja aos domingos. Deus ajude as famílias novas! Rob tem que se meter, dizendo: "Nada de novos amigos! Mal conseguimos passar tempo com os amigos que temos!" Eu apenas não consigo evitar. Santo André é um dos meus santos favoritos porque ele estava sempre apresentando as pessoas a Cristo. Eu adoro apresentar as pessoas.

Temos um amigo que costumava nos apresentar dizendo: "Estes são Rob e Sam; eles têm tudo, menos dinheiro!" Nós tínhamos mesmo. Deus nos deu tudo o que precisávamos através do seu povo. Aprendemos com aqueles que usavam de caridade e compaixão para conosco e tentamos a cada dia encontrar maneiras de socorrer as necessidades daqueles que Deus coloca em nosso caminho. Tentamos passar adiante.

Hoje eu gosto muito de ser hospitaleira e acolhedora com as pessoas a qualquer momento. Mas é o seguinte: eu sou a pior dona de casa do mundo. Aprendi depois do meu quinto filho a limpar a sala de estar e a deixar o restante da casa para depois. Se a sala estiver limpa, eu fecho as portas entre ela e a cozinha. Dessa forma, ninguém vê a cozinha desarruma e o restante da casa!

Um dia, pouco depois de eu ter colocado o bebê número 4 para dormir e estava grávida do número 5, estava deitada no sofá para descansar. A casa estava mais desarrumada do que de costume – brinquedos por todo o lado, pratos sujos na cozinha, para começar. Era muito embaraçoso, mas eu precisava de uma soneca. Enquanto estava deitada ali, quase dormindo, sonhando em poder pagar uma empregada, ouvi alguém batendo. Tropeçando na porta feito marinheiros bêbados, encontrei dois de nossos jovens padres ali trajando suas "roupas de homem", como diziam meus meninos. Eles tinham acabado de sair para um passeio de bicicleta e passaram por lá para uma visita.

Eu adorava que eles se sentissem tão à vontade para aparecerem assim. Então eu lhes dei as boas-vindas, chutando os brinquedos do caminho enquanto os levava para aquela cozinha medonha. Um padre não ligou para minhas desculpas; disse que estava acostumado a passar por ali com frequência e nem notou a bagunça. Mas eu achei que o outro estava constrangido – sem dúvida, *a mãe dele* nunca deixaria sua casa ficar daquele jeito. Esse padre envergonhado sentou-se e então se levantou como se houvesse sentado em um alfinete. Para minha surpresa, não era um alfinete, mas uma mancha de creme de maçã, espalhado em toda sua bermuda branca! Eu quis enfiar minha cabeça embaixo da casa. Ele apenas sorriu e pediu para ir ao banheiro se limpar.

Eca! Gritei, dentro da minha cabeça. *No banheiro não!* Tínhamos apenas um banheiro e, repito, eu não sou a melhor das donas de casa. Quem poderia prever o estado daquele banheiro?

"ESPERE!", eu gritei, correndo atrás para dar uma breve limpada no banheiro e agarrar qualquer fralda largada por ali. Depois que o padre se limpou, todos nós demos boas risadas, e mesmo que isso tenha sido há vinte e quatro anos, ainda damos boas risadas quando nos reunimos. Sempre que ele volta para jantar (é um glutão reprimido), colocamos um pote de creme de maçã no seu lugar! Ele diz que conta essa história com frequência em suas homilias de domingo para animar um pouco o ambiente e fazer as mamães se sentirem melhor consigo mesmas. Ponto para mim!

Amar a Deus, servir ao vizinho

Rob diz que é testemunha de que Deus abre portas inesperadas para aqueles que querem servir. Este livro, por exemplo. As pessoas há anos nos diziam que deveríamos escrever um livro, mas nunca pensamos que tínhamos algo diferente ou importante a dizer. Mas agora o mundo está tentando encontrar um "novo normal". Esse novo normal exigirá, para muitos, orçamentos criativos e alguma economia para o futuro. Esperamos que o livro ajude algumas pessoas a melhorar suas finanças e, ao fazer isso, também melhorem a vida espiritual.

Uma das melhores formas de ter uma vida melhor é aprender a colocar os outros em primeiro lugar, a viver uma vida de serviço. Quando escolhemos um caminho corajoso e generoso por amor a Deus, Ele não se deixa vencer em generosidade. Se nos doarmos aos outros, Deus cuidará de nós. Pense nas grandes almas generosas das Escrituras, como a pobre viúva de Sarepta, que alimentou Elias e foi presenteada com a vasilha de óleo sem fundo (cf. I Rs 17, 9-14) e a outra pobre viúva, no Templo, que deu sua última moeda (cf. Mc 12, 41-44). Nesta vida e na próxima, Deus vê e se lembra.

À medida que avançamos no caminho da independência financeira, precisamos ter certeza de que não estamos sendo egoístas com nossos recursos. Podemos ficar tão absorvidos economizando cada centavo que pudermos, que acabamos nos esquecendo de, primeiro, quem realmente é o dono do dinheiro, e, segundo, servir e amar nosso próximo.

Durante a missa de Páscoa em 2020, que acompanhamos pela TV em plena pandemia de Covid-19, nosso pároco nos lembrou que somos todos chamados a viver vidas de pobreza, obediência e sacrifício. É claro que, dependendo do seu estado de vida atual, você pode ser chamado para enfrentar esses desafios de maneira diferente daqueles que o rodeiam. Uma pessoa solteira pode ser chamada a amar e servir de forma diferente da de um aposentado ou um pai ou mãe de família. Não há um único plano para o chamado à santidade de cada um.

Embora a maneira como servimos aos outros varie de uma pessoa para outra, há algo que todos nós compartilhamos: todos nós somos chamados a ter um relacionamento com Cristo. Mais uma vez, isso vai parecer diferente para todos. Alguns terão muita oportunidade para a contemplação silenciosa e outros (como eu) terão que se levantar muito cedo para encontrar algum tempo de meditação ou usar nossas tarefas como tempo de oração. Enquanto eu dobro as roupas, rezo pelos membros da família cujo item estou dobrando, peça por peça, vez por vez.

Uma das minhas formas favoritas de rezar é dar uma boa caminhada lá fora. Mesmo que você esteja empurrando um carrinho de bebê, esse tempo com Deus pode te ajudar a ouvir e aquela voz pequena e silenciosa. Quanto mais você se conectar com Ele – pela oração diária, indo à missa diária, ou passando tempo em adoração –, melhor você entenderá a vontade d'Ele para sua vida. E quando isso acontecer, você não poderá deixar de amar e servir aos que estão ao seu redor.

As obras espirituais de misericórdia

Em um mundo cheio de pessoas excessivamente sensíveis e onde as pessoas são rápidas em acusar os católicos de julgarem, é importante dar um bom testemunho, sendo altruísta e compartilhando. Podemos usar as obras de misericórdia espirituais para direcionar nossas intenções e manter nossa consciência pura. Pense em quais delas você teve a oportunidade de praticar recentemente.

Ensinar os ignorantes. Todos nós somos chamados a ensinar e compartilhar a fé que nos foi transmitida por nossos pais e párocos.

Dar bom conselho. Estou certo de que todos nós conhecemos alguém que tem dúvidas e precisa de um ouvido amigável, ou um adolescente que está inseguro a respeito das decisões que precisa tomar. Às vezes, a maneira mais generosa de praticar essa obra de misericórdia é ouvir em vez de falar (para mim, o mais difícil).

Corrigir os que pecam. Sim, essa é uma tarefa difícil! Muitos de nós nos encontramos em situações incômodas, querendo saber se devemos falar, pessoalmente ou on-line. Como a mais jovem da minha família, muitas vezes eu sentia que era minha obrigação dizer aos meus irmãos o que estava certo e o que estava errado. No entanto, aprendi que funciona melhor quando ensino pelo exemplo, e espero que os outros me peçam conselho antes de dar minhas opiniões. (A não ser, é claro, que eles estejam atacando a Igreja ou blasfemando contra Deus.)

Suportar com paciência as faltas alheias. Os erros e faltas podem vir de muitas formas diferentes. Se tratado com injustiça, perseguido, abandonado por um amigo... como na Via-Sacra de Jesus, talvez? Para as mães, penso em viver essa obra de misericórdia pela contínua rendição de nossas próprias vontades para cuidar pacientemente das nossas famílias – nunca comendo uma refeição quente, acordando várias vezes para cuidar de uma criança doente ou amamentando, e assim por diante.

Perdoar as ofensas. Que esposa não precisa fazer isso toda hora? Honestamente, o casamento é superdifícil! Eu costumava maltratar meu pobre marido constantemente, mordendo minha língua para não dizer mais. Agora aprendi a oferecer essas coisas e falar com meus amigos no céu. São José é um dos meus melhores amigos, assim como muitos, muitos outros que vieram antes de mim.

Consolar os aflitos. Eu estou longe de ser uma pessoa compassiva. Em um Dia das Mães, nosso pároco fez uma bela homilia, que me trouxe lágrimas aos olhos até que ele disse: "As mães estão sempre lá para nos abraçar e consolar nosso choro quando caímos." Meus filhos disseram com um sussurro mal disfarçado: "Até parece! Quando nos machucamos, nossa mãe diz para oferecermos isso, voltar lá fora e brincar, e esfregar um pouco de terra para passar!" Eu tive que rir, já que eles estavam certos.

Rezar por vivos e mortos. Esta é uma das coisas em que nossa família é realmente boa. Um dos meus presentes favoritos para dar a alguém é colocá-la nas intenções da missa. Ora, até as pessoas vivas precisam de missas. Eu também adoro o Dia de Finados, e durante todo o mês de novembro, coloco em um quadro todos os cartões funerários que tenho dos muitos velórios e funerais que participei. As crianças gostam de lembrar daqueles que amamos e aqueles da Igreja que nos precederam. Tentamos rezar a oração pelas almas depois de darmos graças pelos alimentos, especialmente em novembro, mas no geral meu querido marido ou algum adolescente dirá: "Deus abençoe os mortos! Vamos comer!"

As obras corporais de misericórdia

Sou muito grata à Igreja por também nos ter dado as obras de misericórdia corporais que nos ajudam a direcionar nossa generosidade. Um padre disse na homilia certa vez: "Se você não leva alguém para tomar um café, não sinta que cabe a você opinar sobre a vida dela." Isso me tocou, já que algumas vezes sinto que minha obrigação é falar o que penso, mesmo quando pode ser imprudente. Praticar as obras de misericórdias corporais me ajudou a rezar mais e falar menos, usando meu exemplo para levar os outros para mais perto de Jesus. Qual destes você tem praticado com mais frequência?

Dar de comer a quem tem fome. Isso pode ser praticado de muitas formas (eu faço isso todos dias aqui em casa). Desde um simples convite para jantar, cozinhar para o sopão local, doar itens para o depósito de alimentos da sua cidade, ou cozinhar algumas refeições para alguém que acabou de ter um bebê ou perdeu um ente querido. Fazemos comida uma vez por mês para uma mãe que acabou de ganhar um filho e para a despensa alimentar da diocese. Também tentamos ter algum lanche para doar às pessoas que pedem comida nos semáforos.

Dar de beber a quem tem sede. Isso aqui me faz pensar no meu bebê que está sempre querendo mamar, ou na criança que pede um copo de água para adiar a ida para a cama e passar tempo com você o máximo de tempo possível (e diminuir sua estadia no purgatório).

Vestir os nus. Essa obra de misericórdia me faz lembrar da minha filha, que no inverno passado, em uma viagem do grupo de jovens a uma grande cidade, deu seu casaco para uma sem-teto. Mas há muitas maneiras de expressar o amor com obras. Doar aquelas roupas pouco utilizadas que todos nós parecemos ter em abundância. Vestir os filhos pela décima vez em dez horas sem perder o bom humor.

Dar abrigo aos sem-teto. Como a sua comunidade cuida daqueles que não tem onde viver? Participamos de um programa paroquial chamado "Noites aquecidas". Diferentes igrejas da cidade se revezam para receber os desabrigados durante o inverno. As igrejas oferecem um lugar quente para dormir, refeições e companhia.

Visitar os enfermos. Novamente eu repito, cada família deve viver isso de acordo com sua própria situação. Às vezes, meus filhos e eu vamos até o asilo local para um "desfile de bom dia" de quinze minutos. Apenas passamos pelos corredores cumprimentando e sorrindo. Algumas semanas, visitamos um amigo da igreja que agora vive por lá ou falamos com algum paciente que parece meio desanimado naquele dia. (É sempre bom ligar antes e perguntar se está tudo bem em visitarmos. Às vezes as enfermeiras manifestavam alguma preocupação com contaminações, e então não íamos naquela semana.) As crianças adoram essas visitas rápidas, e aprendem lições importantes sobre a melhor maneira de ser gentil e rezar por aqueles que estão doentes e moribundos.

Até hoje nossos filhos se lembram de uma doce senhora chamada Fayth, que nos pediu para levá-la para casa conosco. Ela tentou me convencer que podia ajudar dobrando roupa! As crianças ficaram surpresas por eu não simplesmente empurrá-la em sua cadeira de rodas até nossa van. Acredite, eu gostaria de poder! Algumas famílias que não conseguem visitar pessoalmente rezam pelos doentes ou enviam cartões e fotografias para os que estão no asilo. Mais uma vez, o que funcionar melhor para a agenda de sua família.

Visitar os prisioneiros. Esse ato de misericórdia pode ser difícil de realizar. Mas uma coisa que todos podem fazer é rezar pelos que estão na cadeia. Principalmente, podemos rezar pelos irmãos em Cristo ao redor do mundo perseguidos por sua fé. Muitas organizações fazem um trabalho com a população carcerária que podemos apoiar com nosso dinheiro ou tempo. Há também a possibilidade de contribuir para os fundos de assistência cristã.

Enterrar os mortos. Eu vivo na mesma cidade há cinquenta e dois anos, sou a mais jovem de nove filhos e frequento a mesma paróquia desde a terceira série. Por isso, estou na funerária três vezes por mês, à medida em que família e amigos morrem.

Quando meu pai faleceu, significou muito para mim a presença dos amigos no seu velório e funeral. Dez anos depois, perdi minha mãe, e o consolo que recebi com a presença dos amigos novamente me recordou o quão importante é essa obra de misericórdia. Comecei a tentar estar presente em quantos enterros eu pudesse. Somos abençoados com um belo cemitério em nossa paróquia, onde muitos santos estão enterrados. Para mim é um grande consolo visitar meu pai, minha mãe, minha irmã e os bebês que perdi. A Igreja nos oferece uma dádiva ao encorajar-nos a viver a comunhão dos santos.

Se pararmos para pensar, muitos de nós praticamos as obras de misericórdia espirituais e corporais diariamente com nossa família, amigos e comunidade ao nosso redor. Podemos melhorar esses atos praticando intencionalmente e explicando seu sentido espiritual para nossos filhos.

Seja generoso com o dinheiro de Deus

Uma coisa é ser generoso com o dinheiro quando as finanças vão bem. É preciso força e coragem para ser generoso quando estamos passando por um aperto financeiro. E ainda assim, é quando estamos mais aptos a perceber que tudo o que temos, inclusive dinheiro, é de Deus, e não se trata de ser generoso, mas de confiar n'Ele. Não é de mais dinheiro que precisamos, é de mais Deus.

Em épocas difíceis, a doação pode ter diferentes formas. Sua instituição de caridade pode precisar de ajuda para encher envelopes, ou a paróquia pode receber ajuda com a parte administrativa ou com a iniciação cristã. Em um mês você pode cortar itens não essenciais para poder dar o dízimo à sua paróquia.

Mais uma vez, cada casal precisa tomar essa decisão em conjunto. Se você for solteiro, consulte um mentor ou diretor espiritual de confiança. Pode ser um desafio tomar esse tipo de decisão sozinho.

Por outro lado, se as finanças vão bem, não podemos nos tornar uns pródigos idiotas. É um pouco paradoxal, mas podemos ter a tendência de nos tornar menos generosos quando nossas finanças estão melhor. Resista à tentação de acumular dinheiro. Não tenha medo de não ter o suficiente por causa de doações. Em primeiro lugar, não é seu; é apenas emprestado a você para que você use de acordo com os propósitos de Deus. Siga o exemplo da pobre viúva bíblica, que deu suas últimas duas moedas a Deus (cf. Lc 21, 1-4).

As bençãos da comunidade

Você está com medo ou vergonha de aceitar ajuda dos outros? Não sei se isso é do meu temperamento (otimista e prático) ou se é por que fui o bebê da família, mas acho fácil aceitar a ajuda e a generosidade dos que estão ao nosso redor. É claro que retribuo quando posso, embora normalmente não seja uma relação de 50-50. Por exemplo, uma de minhas queridas amigas de educação domiciliar planejava com frequência passeios de campo com suas duas filhas e se oferecia para levar alguns de meus filhos mais velhos. Se não fosse sua generosidade maravilhosa, meus dois filhos mais velhos nunca teriam ido a tantos lugares especiais. Eu estava grávida e/ou amamentando durante a maior parte da educação deles, e muito do nosso lazer era passear em parques ou fazer atividades artísticas em casa.

Deus colocou muitas pessoas amáveis e prestativas em nossas vidas. Elas estão sempre preparando alguma refeição, passando para frente itens de segunda mão ou dando caronas para a gente. Procuro fazer com que as crianças percebam a gentileza e os sacrifícios que as pessoas fazem para nos ajudar. Quando Deus colocar pessoas como essas na sua vida, não tenha medo ou vergonha de deixá-las ajudar você. Não há nada de errado em aceitar a ajuda, especialmente quando você realmente precisa dela. Isso não significa que você seja um fracassado ou um fracote. Significa apenas que você precisa de ajuda nesse momento da sua vida, e que há alguém disposto a ajudar. Encare isso, todos nós precisaremos de ajuda às vezes. Se você não puder retribuir no momento, apenas agradeça ao Senhor por prover essa ajuda – e retribua quando puder.

Agora que eu não estou mais grávida e amamentando o tempo todo, posso ajudar e servir com mais frequência. Eu ajudo em minha paróquia e tento orientar e apoiar as jovens mães. Eu até "adotei" algumas crianças pequenas em nossa igreja que não têm ninguém para servir de "vovó". No meu momento de vida atual, fico feliz em ver que as lições que tentamos transmitir aos nossos filhos criaram raízes e estão dando frutos. Adoramos ter convidados para jantar, e sempre prefiro que as crianças tragam seus amigos para nossa casa em vez de sair. Eu tento manter o freezer abastecido com guloseimas para levar para fora ou um pacote de massa de biscoito na geladeira para lanchinhos rápidos. Todo dia de Ação de Graças nossos filhos trazem para casa convidados a mais quando se deparam com alguém sem família ou lugar para ir (nosso recorde atual é de cinquenta e cinco pessoas em nossa mesa de Ação de Graças). Meu lema é "quanto mais, melhor". Rob, que cozinha no dia de Ação de Graças para que eu possa socializar, provavelmente tem um lema diferente que não pode ser escrito aqui.

O dia de São Nicolau, 6 de dezembro, é dia de muita festa em nossa casa. Há cerca de vinte e três anos, alguém decidiu ser nosso Papai Noel secreto e começou a colocar guloseimas em nossa varanda durante os doze dias de Natal. Ouvíamos alguém batendo na porta e eis que havia um saco cheio de guloseimas – três caixas de cereal no terceiro dia de Natal, oito barras de chocolate no oitavo dia, e assim por diante, sempre com um lindo poema junto. Meus filhos, obviamente, estavam maravilhados todos os dias!

Então, anos depois, escolhemos alguma família passando por um ano difícil e enviamos a eles algum carinho de São Nicolau. Pode ser uma família que perdeu um dos pais, perdeu uma gestação ou sofreu com alguma enfermidade grave, ou está lidando com a perda de emprego. Montamos uma grande cesta de guloseimas e a colocamos anonimamente em sua varanda na véspera do dia de São Nicolau. À medida que entregamos guloseimas, sempre nos sentimos testemunhando um milagre de Natal. Definitivamente, há mais alegria em dar do que receber.

Nada deve nos impedir de sermos generosos. Pode ser com tempo, com nossos talentos ou apenas oferecendo um ouvido atento a alguém que está sozinho ou aflito. Tenho uma amiga artista muito generosa que se organiza para que crianças e adultos venham a sua casa e façam projetos artísticos surpreendentes – o tipo de coisa que você poderia dar de presente ou pendurar com orgulho na parede. Outros amigos são rápidos em se oferecer para ficar com as crianças para uma mãe sobrecarregada. Fazer refeições para os pais que acabaram de ganhar algum filho ou para os doentes é parte do contrato imobiliário quando se compra uma casa em nossa cidade. As pessoas da minha comunidade te deixariam surpresas, de tão generosas e gentis!

Lição de casa

- Você tem andado com medo ou vergonha de receber ajuda dos outros? Em caso afirmativo, por quê?
- Como você pode praticar melhor as obras de misericórdia corporais e espirituais?
- Você tem sido generoso com seu tempo e dinheiro?

VI

CONFIE
(Sam)

Que teu coração deposite toda a sua confiança no Senhor! Não te firmes em tua própria sabedoria!

(Pr 3, 5)

Pedi e se vos dará. Buscai e achareis. Batei e vos será aberto.

(Mt 7, 7)

Ao longo de toda esta primeira parte do livro, temos visto ideias mestras relacionadas às finanças pessoais e algumas das virtudes que as acompanham. Tudo se resume a confiar em Deus e pedir sua orientação, como em todas as áreas da vida. Confiar a Deus nossas finanças nos ajuda a sair da montanha-russa emocional que a ansiedade em relação às finanças causa.

Uma vez que você abandona o controle sobre suas finanças, você se abre a todo o panorama de serviço a Deus e ao próximo. Qualquer que seja o rumo que isso possa tomar – estar aberto a mais filhos, ajudar um parente com dificuldades financeiras, ou dar um salto de fé e começar um apostolado –, sua fé e esperança aumentarão, e você receberá graças abundantes para seguir em frente.

Começando a confiar

No início, quando optamos por estar abertos aos filhos e ao mesmo tempo começar nosso próprio negócio, Deus não disse: "Eu vou garantir um bom carro, sucesso em seu negócio, um novo emprego quando você precisar, e uma casa grande no bairro dos seus sonhos." Ele apenas disse: "Que teu coração deposite toda a sua confiança no SENHOR! Não te firmes em tua própria sabedoria!" (Pr 3, 5)

Quando dei uma palestra de teologia para jovens adultos e falei de como não se endividar, percebi eles encolhidos quando falei em "oferecer" as vontades de gastos desnecessários. Quando eu digo "oferecer", o que tem vem mente? Você vê sua avó, que cheira a naftalina, apontando para você com reprovação? Ou você pensa em uma oportunidade de crescer na virtude da *confiança*?

Talvez ouvir isso traga à tona memórias desagradáveis. Sacrifício não é divertido; para isso temos a Quaresma, não precisamos de um livro de finanças, certo? Mas, de certa forma, está tudo relacionado. Talvez o que você precise neste momento seja uma espécie de Quaresma – uma chance de recomeçar, se examinar, refletir sobre algumas das escolhas que você fez.

Todos nós conseguimos lembrar de alguma oportunidade ou experiência que desperdiçamos. Portanto, fiquei feliz em conversar com esse grupo de jovens, alguns terminando a faculdade e outros começando em novos empregos, e encorajá-los a estabelecer bons hábitos financeiros desde o início. Comecei recordando-os das lutas que a cultura de hoje impõe a eles. As mídias sociais estão constantemente bombardeando a todos com ideias de cursos e formações caras, comida fora com frequência, carros de luxo e anéis de noivado com diamantes de 12 quilates e ideias para festas de casamento de vários dias que fariam qualquer noiva passar mal.

Viver sem dívidas (ou pelo menos sem estourar o limite do cartão de crédito todo mês) pode ser quase impossível se você não tiver disciplina e uma base sólida de fé. Mas você pode fazer isso, começando com um pequeno sacrifício de cada vez.

Pequenas cruzes por toda a parte

Nós católicos aprendemos que o sofrimento tem um lado bom, se o oferecemos a Deus. Por meio do sofrimento, nos fortalecemos em nosso caráter e em nossa fé. Jesus diz "tome a tua cruz diariamente e siga-me" (Lc 9, 23). Como mãe, eu faço isso várias vezes por dia. Cada situação inconveniente ou desagradável é uma pequena cruz que eu posso tomar e carregar seguindo ao Senhor.

O que isso tem a ver com dinheiro? Bem, uma cruz pode ser um pequeno sacrifício, como decidir que hoje você vai preparar seu almoço em vez de gastar US$8,99 naquele sanduíche com batatas fritas e bebida na lanchonete local. No dia seguinte, talvez você levante cinco minutos mais cedo para fazer seu próprio café por apenas US$0,23, em vez de comprar o café de US$4,65 na cafeteria da cidade. Sacrifícios como esses podem parecer pequenos, mas eles se acumulam e você recebe mais graça, além de economizar alguns dólares aqui e ali. Fazer isso por algumas semanas – ou mesmo alguns meses – não vai te dar dinheiro o bastante para se aposentar mais cedo, mas é um começo e proporciona autocontrole.

Esperamos que você tenha estabelecido metas financeiras enquanto lê este livro e esteja criando um plano para aumentar suas economias e diminuir seus gastos, e assim alcançar essas metas. Vou compartilhar uma sigla que pode ser útil. Como tenho um cérebro de mamãe em tempo integral, uso siglas para tudo. Para facilitar minhas decisões e me ajudar a confiar mais em Deus, penso no meu nome, SAM:

- - S de simplificar, se controlar, ter senso de humor e se acalmar.
- - A de ajuda (a ajuda de Deus e dos outros), e de agradecimento.
- - M de minimizar e mão na massa (não só planejar, mas fazer, por exemplo, cozinhando em casa).
- Certo. E você? Quais são algumas das suas maneiras de economizar dinheiro e expressar sua confiança na vontade de Deus para você e sua família? Para fechar esta parte 1, vou analisar essa sigla de forma mais aprofundada, e dizer como certas estratégias me ajudam a viver isso.

O método SAM: Estratégias para te ajudar a confiar

Economia – e confiança – são diferentes para cada um de nós. Para aqueles que são casados, confiar talvez seja acolher uma nova vida em tempos financeiros difíceis. Para outros, pode ser a coragem de fazer uma mudança difícil, mas necessária, no trabalho, em casa ou na família. Neste livro, entendemos confiança como um ato de fé, de estar disposto a renunciar ao controle para dar espaço a ação de Deus, como lemos no livro de Provérbios: "Sejam quais forem os teus caminhos, pensa nele, e ele aplainará tuas veredas." (Pr 3, 6)

Caminho aplainado, certo... quem não quer isso? Quais são as coisas que precisamos deixar para trás? Desejos e planos pessoais? Bens materiais? Aquele capuccino delicioso? Aqui estão algumas formas de deixar Deus nos ajudar a irmos por caminhos de confiança.

S de simplifique

Hoje em dia está na moda viver de forma simples. Basta assistir a programas como *Ordem na casa com Marie Kondo*, ou ouvir essas palavras do Papa Francisco para sua mensagem de 2014 para a Jornada Mundial da Juventude: "Desprendamo-nos da ambição de possuir, do dinheiro idolatrado e depois esbanjado. No primeiro lugar, coloquemos Jesus."

Pegando a deixa da Marie Kondo, podemos dar o primeiro passo, tirando de casa todas as coisas que não "nos trazem alegria" (não vale os adolescentes) e tomando o cuidado em diferenciar as "necessidades" dos "desejos". Nossa paróquia tem um galpão de doações para roupas e utensílios domésticos. A limpeza é uma batalha contínua, especialmente nos lares com crianças, mas nos ajuda de várias maneiras. Além de termos mais espaço na casa, aprendemos que menos é mais. Recentemente, Rob avaliou todo seu guarda-roupa e se livrou das peças que não foram usadas ano passado.

S de se controle

Quem não se beneficia com autocontrole? Quando eu não luto para ter essa virtude, tudo desmorona. Pode parecer superficial, mas quando estou tentando perder peso com uma de minhas dietas bobas ou jejuando, me sinto muito mais próxima de Deus, porque estou me sacrificando e demonstrando autocontrole.

No momento em que escrevo este capítulo, a maioria de nós está preso em casa por causa da pandemia de Covid-19 em 2020. Tenho me chafurdado em autopiedade e enchido a cara de *fast-food*, com uma casa cheia de crianças que não podem sair para brincar com os amigos.

Quando se tem autocontrole, é mais fácil fazer sacrifícios, oferecendo os sofrimentos pelos outros e deixando de lado o egoísmo.

S de senso de humor

Para mim, não é um grande esforço fazer amizade com os funcionários das lojas onde faço compras regularmente. Quando eu era mais jovem, com um barrigão de grávida, uma van grande e uma ninhada de crianças andando atrás de mim, dava para ver que eu tinha uma família grande e que aumentava. Os gerentes das lojas e outros funcionários iriam me reconhecer. Eu ensinava meus filhos a serem educados, gentis e respeitosos, lembrando que precisávamos dar um bom exemplo como família católica grande que fazia educação domiciliar.

Nos meus primórdios de maternidade, eu ia até nosso mercadinho fiel no meu Chevy Suburban após a missa das terças-feiras, porque eles vendiam leite nesse dia. Eu enviava meus dois mais velhos, com provavelmente 9 e 10 nos, com uma nota de US$10,00. Um empurrava o carrinho, e o outro o enchia com cinco galões de leite. O tempo todo, as outras crianças e eu estávamos estacionados, observando-os pela janela. Os balconistas se divertiam com isso, e eu pude perceber pelos comentários, olhares e sinais que eles explicavam que os dois meninos eram da senhora que estava lá fora no carro. Às vezes, eles me gritavam perguntando se as crianças podiam comer um dos biscoitos que a loja dava de graça. E então meu mais velho tentava explicar ao caixa que era Quaresma e eles não podiam comer doce naquele dia!

Minha mãe me ensinou a ser sempre amiga do açougueiro, para que eles avisassem quando a carne diminuísse o valor. Uma de nossas maiores lojas geralmente tem carne pela metade do preço quando a data de vencimento é perto das próximas vinte e quatro horas. Portanto, eu encho meu freezer (uma necessidade absoluta em nossa casa) com as carnes que gostamos, geralmente a menos de US$2,00 o quilo, a menos que seja um presente especial para uma noite de aniversário ou outra data comemorativa. Imagine os comentários quando eu estava empurrando o carrinho pela loja. "Ei, senhora, você está organizando um churrasco?" E o gerente respondia: "Você deveria ver quantos filhos ela tem!"

O senso de humor também é útil ao lidar com presentes. Sou muito favorável a aproveitar artigos vendidos em certas épocas que possam ser usados para outras ocasiões além do feriado ao qual se destinam. Por exemplo, caí em uma grande liquidação de São Valentim em uma farmácia. Tudo estava com 90% de desconto. Por menos de um dólar por caixa, consegui lindas lembrancinhas, como bonequinhos e cartões. Esvaziei as caixas e guardei as lembrancinhas para meus netos e afilhados. Também comprei um monte de canecas com corações e mensagens bonitas por menos de dois dólares, e usei como presentes para professores (tudo bem, qual professor precisa de uma nova caneca?), colocando dentro alguns saquinhos de cá e outros agrados.

O que eu mais gostei de descobrir naquele dia foi um enorme unicórnio de três dólares. Não tinha nada próprio de São Valentim e minha neta foi à loucura quando o recebeu em sua cesta de Páscoa. Eu pagaria US$30,00 nele? De jeito nenhum, mas valeu cada um dos US$3,00 que eu gastei.

Comprar presentinhos para meu "armário de presentes" é uma das minhas paixões. Eu garimpo com frequência as lojas de conveniência, lojas de consignação e vendas de garagem. Há doze anos, Rob me levou para a Flórida para uma viagem de casal, de visita ao seu pai e sua madrasta. Era meu aniversário de 40 anos e nosso vigésimo aniversário de casamento. Eu estava excepcionalmente inchada, esperando nosso décimo segundo filho, e ele disse: "É seu aniversário; pode escolher aonde você quer ir." Eu escolhi a enorme loja da Goodwill no outro lado da rua. Ele quase morreu de vergonha ao me levar para lá no Mercedes conversível do seu pai. Eu era como uma criança em loja de doces, sem as crianças correndo atrás de mim!

S de se acalme

Você já ouviu falar da Elizabeth Foss e seu apostolado "Toma e lê"? Se sim, talvez conheça a palavra hebraica *selah*. Às vezes, ela aparece nos últimos versículos do livro dos Salmos, pedindo uma pausa no canto do salmo. Para mim, é uma palavra que diz para diminuir a velocidade e fazer uma pausa. Isso também pode ser um ato de confiança.

Em um mundo que está estressado e cheio de ansiedade e depressão, todos nós precisamos desacelerar. O *shabat*, dia de repouso, é um presente de Deus para nós, nos ajuda a rejuvenescer e relaxar. Ouvi dizer em algum lugar: "Viva bem seu domingo, para que você possa se sair bem na segunda." Isso pode ser um desafio para os extrovertidos como eu, que gostam de correr sair por aí, especialmente nos finais de semana. Como mãe em tempo integral, educadora domiciliar há trinta anos, eu vejo os fins de semana quase como saidinhas da prisão. Na sexta-feira, começo a ter vertigem ao pensar nos batizados, festas de aniversário, casamentos ou jantares para os quais somos convidados no fim de semana. Rob, por outro lado, fica com dor de estômago na tarde de sexta-feira, pensando nos próximos eventos, e só quer relaxar depois de uma semana de trabalho duro.

Levei um tempo até encontrar o equilíbrio, mas nos últimos anos aprendi a reconhecer a voz do Espírito Santo, falando comigo através do meu marido, e a aprender a ficar em casa, especialmente aos domingos. Chegamos em casa depois da missa, comemos bem para celebrar o domingo, pois é dia de festa, e as crianças brincam ao ar livre umas com as outras ou com os vizinhos. Quando é conveniente sair, adoramos dar um passeio depois do jantar. Se estiver fazendo frio, ficamos em frente à lareira, tomando chá quente, lendo e assistindo filmes. Esse dia de descanso nos prepara para a segunda-feira, quando as coisas começam cedo e a semana de atividades acontece. Como um bônus adicional, você economiza dinheiro ficando em casa – a não ser, é claro, que você passe o final de semana no site da Amazon.

A de ajuda

Os Evangelhos mostram uma conexão clara entre pedir e receber as bênçãos do Senhor. Muitas vezes, esse pedido implica não apenas em pedir a Deus o que precisamos do conforto e anonimato de nossa oração, mas também procurar ajuda dentro de nossa própria comunidade (acho que foi para isso que Deus criou o Facebook). Um amigo sacerdote costumava me apresentar como a viúva insistente do Novo Testamento (Lc 18, 3-5). Tomei isso como um elogio, pois ela é uma das minhas heroínas! Sendo comunidade cristã, devemos edificar uns aos outros, partilhar e trabalharmos juntos: "Mas Deus dispôs no corpo cada um dos membros como lhe aprouve. Se todos fossem um só membro, onde estaria o corpo? Há, pois, muitos membros, mas um só corpo." (I Cor 12, 18-20) Isso significa pedir ajuda quando outros membros da comunidade estão aptos a oferecer.

Sei que nem todos se sentem à vontade para pedir ajuda. Sou tão ousada que meu marido me chama de pit bull de Cristo. Tantas vezes, descobri depois que alguém precisava de ajuda ou estava passando por um mau momento, e teria sido uma alegria ajudar se eu ao menos soubesse antes. Uma vez meu vizinho me disse: "Me perguntaram em um estudo bíblico a quem eu chamaria no meio da noite se eu precisasse de ajuda, e eu pensei em você." Tive vontade de pular de alegria! Sou muita grata por meus amigos estarem à vontade o suficiente para entrar em contato comigo caso precisem de ajuda.

Mesmo que custe um pouco, na maioria das vezes quando eu ou meus filhos precisamos de algo, eu pergunto primeiro. Itens como um skate velho, chuteiras ou patins, quando o antigo dono cresce, no geral viram porcarias esquecidas na garagem de alguém e as pessoas ficam aliviadas em dar a um vizinho que pode fazer bom uso deles. Faça uso de sites como o freecycle.org e o Facebook, além de falar com a família e os amigos. Esse tipo de situação pode ser uma bênção não só para você, mas também para o doador, porque eles podem abrir mão de coisas que não querem. Brinco com meus amigos que digo que estou sendo um canal da graça para eles, dando a oportunidade de compartilhar seus bens e me ajudar.

Sei que a maioria de vocês não é como eu e não pediria ao homem do estacionamento para ajudá-los a colocar uma enorme caixa no carro. Talvez essa possa ser outra oportunidade de crescimento espiritual. Ser criança e confiar é uma graça. É uma graça crer que aqueles ao seu redor estão do seu lado e que estamos aqui para nos ajudar uns aos outros.

Se você não se sente à vontade para pedir ajuda a seu próximo, então peça ajuda a Deus ou a nossos amigos, os santos. Temos uma nuvem de testemunhas à nossa disposição vinte e quatro horas por dia, sete dias por semana, apenas esperando que nos voltemos a elas. Como mãe em tempo integral, antigamente, com sete crianças com menos de 10 anos, aproveitei isso ao máximo, conversando com os santos e pedindo sua intercessão em todas as minhas lutas e cruzes diárias. Quando minha mãe não estava disponível para conversar, corria para minha mãe Maria. Precisamos confiar em nosso Pai do céu, e lembrar que Ele só quer o melhor para nós: "Em verdade vos declaro: se não vos transformardes e vos tornardes como criancinhas, não entrareis no Reino dos Céus" (Mt 18, 3).

Aprendi que cada Ave-Maria é uma rosa que damos a Maria. Senti vergonha de que muitas de minhas orações fossem apressadas e descuidadas até que um dia, um dos meus conselheiros me disse: "Sam, se seu filho te traz uma flor do campo ou um dente de leão, você não gosta? Nossa Senhora ama qualquer oração que você faça!" Isso fez com que eu me sentisse muito melhor, mesmo quando adormecia rezando o terço e deixava para meu Anjo da guarda terminá-lo por mim. Ouvi também que cada Ave-Maria do rosário é uma pedrada na cabeça de Satanás, portanto, quanto mais orações, melhor!

A de agradeça

Muitas vezes digo a meus filhos que você não é mimado se agradece às pessoas pelos presentes que elas dão, ou os serviços que prestam. Eu também busco ensiná-los a nunca subestimar o poder de um agradecimento. É importante ensinar os filhos a ser gratos. Tento agradecer a Deus todas as noites pelas coisas e pessoas que Ele colocou em meu caminho naquele dia. Nas épocas de minha vida em que os hormônios estavam uma bagunça, me ajudava escrever três coisas, no geral coisas simples, pelas quais eu era grata naquele dia. Me ajudava a refletir sobre as bênçãos do meu dia e a ir para a cama mais otimista.

M de minimize

Uma das maneiras mais importantes de mostrarmos nossa confiança em Deus é usarmos nossas coisas para ajudar os outros em vez de nos apegarmos a elas ou acumularmos. Para mim, essa é uma luta constante. Um saco de coisas vai, e outros dois chegam.

O padrinho da minha filha tem uma regra: "Minha casa não vai ganhar peso." Portanto, se algo entra, algo deve sair. Sapatos novos? Livre-se de um par mais velho. Minha filha Alex também tem uma regra: "Se é algo que pode ser substituído por menos de US$20,00, passe adiante ao invés de guardar." Quando tínhamos um orçamento mais rígido, eu tinha a tendência a me apegar às coisas. Agora, meus critérios são: "Eu usaria isso de novo?" e "Guarde o que você ama." Meus amigos se divertem porque minha varanda geralmente tem uma sacola (ou três) que vai semanalmente para o galpão de doações da igreja.

M de mão na massa

Um dos maiores dons que Deus nos deu é a criatividade, o que em nosso contexto quer dizer encontrar formas de reduzir, reutilizar e reciclar as coisas que já temos. Essa prática está muito na moda hoje em dia, com todas essas sugestões de reciclagem e "faça você mesmo". Sob o ponto de vista espiritual, esse tipo de criatividade reflete uma confiança na providência de Deus, e um desejo de viver de forma mais simples.

Claro, seu filho gostaria de um novo par de chuteiras, mas seu irmão mais velho tem um par praticamente novo. Sem contar que as chuteiras usadas são mais confortáveis do que as novinhas em folha. Uma vez, meu filho precisou de um par de chuteiras novo, e eu mandei um e-mail à equipe perguntando se alguém tinha um par extra antes de eu comprar algum. A mãe de outro jogador disse que adoraria passar para frente um par de chuteiras pouco usadas que precisavam de uma boa casa. Meu filho ficou encantado, porque as chuteiras eram muito mais bonitas do que qualquer outra que eu poderia comprar, e ele estava ansioso para mostrar aos irmãos como elas eram legais.

Tenho a graça de confiar ao nosso Pai do céu todos os nossos problemas diários. Isso não quer dizer que eu não me estresse ou tenha dúvidas quanto aos planos de Deus para minha vida e família. Não sei se é meu temperamento ou meu lugar como irmã mais nova (assim como Santa Teresinha), mas tenho uma boa relação de filiação com Deus Pai. Sei que sou afortunada e que esse relacionamento é um processo de crescimento para muitos. Nunca desista de trabalhar esse relacionamento e de valer-se do Espírito Santo, Jesus e seu Anjo da guarda constantemente! Todos eles são parte do seu time, comprometidos em te ajudar a buscar a santidade para a qual Deus te criou. Aprenda a dizer "Seja feita a vossa vontade", "Vinde, Espírito Santo", "Jesus, eu confio em Vós", e outras pequenas orações que te ajudarão nos momentos mais difíceis, assim como as pequenas cruzes diárias que todos nós temos que enfrentar.

Lição de casa

- Você confia em Deus o bastante, a ponto de colocá-lo a frente de suas finanças?
- Quais são as áreas em suas finanças que você tem afastado d'Ele?
- Se tivesse dinheiro extra, usaria para quê?
- De que maneira você poderia simplificar sua vida?

- O que você acha de diminuir o ritmo e se acalmar?
- Como é seu repouso dominical?
- Você tem coragem de pedir ajuda aos outros? E a seu melhor amigo, Deus Pai?
- Você tem alguma coisa contra seu próprio pai que possa estar te impedindo de confiar em Deus? Em caso afirmativo, considere se confessar e pedir a Deus a cura dessas feridas.
- O que você mesmo pode fazer? O que você pode consertar? O YouTube nos ajudou a fazer pequenos reparos em eletrônicos, carros e encanamentos.

Parte 2

Quatro habilidades essenciais:
Colocando o conhecimento em prática
(Rob e Sam)

Na primeira parte, falamos de algumas das ideias e virtudes cristãs para uma boa administração e como elas se aplicam às nossas finanças. Agora, você já tem uma compreensão melhor da sua própria situação financeira, e vislumbra um plano para melhorar sua situação econômica e pô-la nas mãos de Deus.

Nesta segunda parte, vamos analisar quatro "habilidades essenciais" para boa administração e liberdade financeira. Essas habilidades são fundamentais para uma vida sem dívidas:

- Aprender a orçar (fazer e manter um orçamento).
- Eliminar as dívidas (ter os gastos sob controle; gastar menos do que se ganha).
- Economizar para o que você quer (o que inclui a construção de um fundo de emergência).
- Criar filhos independentes (se você tem uma família).

Antes de estabelecer um orçamento e iniciar um fundo de emergência, é importante estancar a hemorragia dos gastos excessivos e gastar de forma inteligente. Ainda que seu desafio econômico atual tenha sido imposto por fatores externos (emergência médica, desastre natural ou súbita perda de emprego), ou seja, por suas próprias escolhas questionáveis, a solução é a mesma: Recuperar o controle gerenciando cuidadosamente os seus recursos, seguindo um plano pré-definido, confiando que Deus lhe dará a fé e a força para se perseverar na boa administração.

Livrar-se das dívidas é mais difícil do que *não contrair* novas dívidas. No entanto, se tudo o que temos pertence a Deus e nossos gastos são uma expressão de nossa fé e confiança n'Ele, podemos pedir a Deus que nos ajuda quando nos sentirmos fracos, desmoralizados ou derrotados. Quando caímos e acabamos gastando demais, podemos pedir a Deus que nos perdoe e nos dê a força para melhorar; também podemos pedir a Ele que nos mostre a causa principal desses gastos excessivos e como consertar as coisas (se para você gastos excessivos são uma luta, considere levar isso à confissão, para recomeçar e receber as graças que você precisa para escolher melhor no futuro).

Nós católicos devemos fazer nosso melhor para não nos colocarmos em situações de pecado, especialmente os pecados capitais, como a ganância, a gula, a inveja e o orgulho (chamamos isso de "evitar a ocasião"). Para alguns, isso pode significar entrar no supermercado com uma lista de compras e segui-la fielmente. Para outros, pode ser necessário cancelar os cartões de crédito. Rever seus extratos do cartão de crédito com um mentor de finanças ou amigo de confiança e falar sobre a maneira que suas despesas reais se relacionam com seu orçamento também pode contribuir para atitudes mais responsáveis que te ajudem a atingir seus objetivos financeiros.

Se você é casado, seu primeiro parceiro na contabilidade é seu cônjuge. Sentem-se juntos após as crianças irem dormir e reconheçam – perante Deus e um ao outro – a necessidade de se tornarem melhores administradores daquilo que Deus lhes deu. Fale sobre os pontos fracos dos seus gastos e o que você acredita que Deus está te pedindo para você administrar melhor seu dinheiro. Você pode começar rezando uma oração como esta:

Obrigado, Senhor, por todos os dons que você nos confiou. Obrigado por todas as demonstrações de amor e carinho por nós, ao nos dar tudo o que precisamos. A partir de hoje, ajude-nos a administrar melhor aquilo que você nos deu, vivendo dentro de nossas possibilidades, compartilhando o que temos e te glorificando com nossos gastos e escolhas. Dai-nos sabedoria e força para estabelecermos metas prudentes, vivermos dentro de nossas possibilidades, evitarmos gastos excessivos e economizarmos para o futuro. Santa Maria, Sede da Sabedoria, rogai por nós! Em nome do Pai, do Filho e do Espírito Santo. Amém.

VII

Aprendendo a orçar
(Rob)

Se gente falida está fazendo pouco caso do seu planejamento financeiro, você está no caminho certo.

(Dave Ramsey)[3]

Se todos gostam de você e nunca questionam suas crenças, você está fazendo algo errado.

(Pe. James Stack)

Hora de falar do assunto favorito de todo mundo: orçamento. Percebo que, para alguns, o prazer em planejar o orçamento está lado a lado ao de uma visita ao proctologista. Espero que você não ache este capítulo tão desagradável assim.

Por que ter um orçamento? Por que não improvisar, simplesmente? Não podemos confiar que Deus cuida de tudo? Não vai dar tudo certo se não nos preocuparmos com as finanças mas termos toda nossa esperança no Senhor? Muita gente tenta essa abordagem, vivendo de salário em salário gastando cada dólar que recebe, e mais alguns. E muita gente vive em dificuldades financeiras.

---

[3] Dave Ramsey, "If Broke People Make Fun Of Your Financial Plan Then You're Right On Track", 19 de novembro de 2019, *The Dave Ramsey Show Live*, https://www.youtube.com/ watch?v=stJFk1df4vk.

"Confiança" e "planejamento" não são atos mutuamente excludentes. Embora Deus queira nos ajudar, Ele nos deu capacidade intelectual e força moral necessária para escolhermos o bem – ou seja, a virtude –, e Ele espera que façamos nossa parte e coloquemos esses dons em prática. A maioria das pessoas não saltaria de um avião sem um paraquedas contando apenas com Deus para salvá-las. Então, por que esperamos que Deus nos salve cada vez que nos colocamos em perigo financeiro?

Não ter um orçamento é como tentar construir um avião sem um projeto. Provavelmente não vai voar. Logo de início, quando tentamos, nossas finanças e nosso casamento sofreram. Não sabíamos para onde nosso dinheiro estava indo, e não estávamos avançando financeiramente. Não estávamos afundando em dívidas, mas tínhamos muito pouco guardado. Precisávamos nos comprometer com a responsabilidade financeira e sermos fiéis ao compromisso, do mesmo modo que assumimos um compromisso com Deus.

Quando éramos recém-casados, não tínhamos um orçamento formalmente escrito. Recebia meu pagamento e, com isso, pagava a casa e nossas contas, doava para a caridade e pagava combustível e alimentos. O que sobrava gastávamos saindo, ou em comemorações, e guardávamos alguns dólares. Certamente não sabíamos para onde o dinheiro estava indo. O básico estava coberto, mas as contas que eram menos frequentes (seguro do carro semestral, por exemplo) eram um problema. Podíamos não ter dinheiro suficiente em nossa conta corrente para cobrir esses gastos e às vezes usávamos nosso pequeno fundo de emergência. E não havia muito dinheiro em nossa poupança de aposentadoria, o que não é surpreendente – quem pensa em aposentadoria aos vinte e poucos anos?

A aposentadoria pode parecer muito distante, mas não é. Lembra do homem que construiu sua casa sobre a areia (cf. Mt 7, 24-27)?

Construir sobre uma base sólida dá muito trabalho – mas você ficará feliz por ter feito o esforço quando começar a chover.

Por que ter um orçamento?

Em algum momento da vida você terá uma epifania: você não está ficando mais jovem e é melhor colocar suas finanças em ordem. No meu caso, essa epifania aconteceu pouco tempo depois que eu e Sam nos casamos. Eu tinha 25 anos e, ao me aproximar dos 30 (o que parecia "velho" na época), comecei a pensar em nosso futuro financeiro. Decidimos estabelecer algumas metas financeiras concretas a longo e curto prazo. Algumas dessas metas seriam mais fáceis de se alcançar. Para que isso funcionasse, precisávamos saber para onde nosso dinheiro estava indo. Em suma, precisávamos de um orçamento.

Pulemos 30 anos para o futuro. Estou feliz em informar que algumas das metas dos primeiros anos foram atingidas, algumas ainda estão em andamento e novas metas foram acrescentadas. Correndo o risco de falar demais, vou partilhar algumas dessas metas que atingimos e como estamos lidando com nossos objetivos atuais:

- *Pagar a casa mais cedo.* Terminamos de pagar nosso empréstimo imobiliário de quinze anos em doze anos e três meses.
- *Manter um fundo de emergência.* Decidimos economizar dois anos de nossas despesas básicas. (A pandemia provavelmente te fez pensar nisso também.) Temos atualmente dez meses de poupança (divididos meio a meio entre investimentos e certificados de depósito).

- *Fundo de amortização*. Nosso objetivo era economizar seis meses de despesas periódicas (despesas que não ocorrem todo mês, como pagamentos de seguro, taxas anuais, licenciamento do carro etc.) em um fundo de amortização (ver capítulo 9). Conseguimos isso há alguns anos e elevamos o objetivo para um ano de despesas.
- *Aposentadoria*. Essa vai ser difícil. Como muitas outras pessoas, levamos um grande golpe em nossa aposentadoria em 2020. Mas continuamos economizando e trabalhando para atingir essa meta. É tudo ou nada.

Tipos de orçamento

Há dúzias de métodos para se fazer um bom orçamento. Vejamos três dos mais populares. [4]

Orçamento base zero

Sua renda corresponde exatamente ao que está saindo. Renda – despesas = 0. Também conhecido como orçamento "cada centavo conta" ou orçamento "cada centavo tem para onde ir". Seja o dinheiro usado com compras ou para uma poupança, cada dólar tem seu lugar. Se ao final do mês você ainda tiver US$200,00, não terá cumprido o orçamento para o mês. Você deve decidir o que fazer com ele (pagar uma dívida, guardar, fazer uma doação) para que o orçamento seja igual a zero.

---

[4] "Five Different Types of Budgeting Methods," SoFi, 21 de janeiro de 2020, https://www.sofi.com/learn/content/types-of-budgeting-methods.

Prós e contras: Pessoas como eu que são obcecadas com suas finanças e planilhas de gastos adoram essa abordagem. Esse orçamento pode ser demorado, embora o uso de um aplicativo como o YNAB (You Need a Budget) possa reduzir sua dor de cabeça.

Método 50 – 30 – 20

Sua renda se divide em três categorias principais: 50% vai para necessidades, 30% para desejos e 20% para poupança e dívidas. Se sua renda é de US$4.000,00 por mês, você usaria US$2.000,00 para necessidades, US$1.200,00 para desejos e US$800,00 para dívidas e economia.

Prós e contras: Bom para quem quer um sistema não muito restritivo e que seja flexível. Mais simples que muitos métodos. Você pode ajustar as porcentagens como achar conveniente. No entanto, você não vê com a mesma facilidade para onde seu dinheiro está indo. Isso pode tornar mais difícil cortar despesas do orçamento, se for necessário.

A técnica dos envelopes de dinheiro

Para quem quer um sistema rigoroso, mas não quer ter que acompanhar cada gasto. A ideia é obter um monte de envelopes e rotulá-los com os orçamentos para cada coisa – alimentos, combustível, roupas etc. Estabeleça um limite para cada tipo de despesa (US$1.000,00 para compras, por exemplo). Depois, quando chegar seu pagamento, preencha os envelopes com o dinheiro alocado, e use somente esse dinheiro para as compras. Quando um envelope estiver vazio, você não poderá gastar mais dinheiro naquela categoria por um mês.

Prós e contras: Esse tipo de orçamento é ótimo para aqueles que têm dificuldades em controlar as finanças e têm problemas com gastos em excesso. Eu já usei esse sistema no passado, mas Sam não gostou, por isso não usamos mais.

Eu prefiro usar o orçamento base zero. Eu gosto de brincar com números e planilhas e não me importo de gastar o tempo necessário com esse tipo de orçamento. Gosto de saber exatamente para onde nosso dinheiro está indo; isso me ajuda a ter disciplina e seguir no caminho certo para nossos objetivos. Se você está começando seu orçamento ou não gosta de lidar com números, esse orçamento pode ser um exagero.

Qual é o melhor orçamento? Assim como um programa de exercícios ou dieta, o melhor orçamento é o que você vai usar e perseverar.

Como fazer o orçamento

Agora vejamos o passo a passo para se estabelecer e fazer uso de um orçamento.

Passo 1: Observe os próprios gastos por alguns meses

Use um caderno ou planilha para registrar tudo em que você gasta dinheiro a cada mês. Você talvez ache que sabe para onde seu dinheiro está indo, mas a maioria das pessoas descobre que esse exercício abre nossos olhos (eu passei por isso). Você pode descobrir que gastou US$150,00 no mês passado com brinquedos para o Sr. Buttons, seu gatinho, ou US$300,00 em sapatos de corrida (eu já fiz isso uma ou duas vezes).

Depois de observar seus gastos por alguns meses, crie uma planilha de cálculos. Liste suas categorias básicas de despesas como alimentação, moradia, contas, combustível, doações para caridade, despesas médicas, poupança, aposentadoria, dívidas e assim por diante. Em seguida, descubra quanto você gastou em média por mês em cada categoria. Você pode reunir algumas dessas informações em sua conta corrente e extratos de cartão de crédito. Muitos aplicativos gratuitos estão disponíveis e ajudam a acompanhar os gastos (veja a lista de Recursos sugeridos, ao final do livro). Usei muitos métodos, mas prefiro a planilha de cálculos.

Passo 2: Descubra suas despesas irregulares ou periódicas

É provável que você tenha outras despesas que não precisou pagar durante esse período em que acompanhou os próprios gastos. Essas despesas periódicas incluem coisas como anuidades, férias, presentes de aniversário e Natal, taxas de seguros semestrais ou trimestrais, atividades das crianças – tudo o que não acontece todo mês. Liste-as e calcule quanto elas custam por mês, e acrescente à sua planilha do passo 1.

Passo 3: Liste todas as fontes de renda

Isso inclui o valor líquido do seu salário (líquido, não bruto), renda extra, renda de investimentos e quaisquer outras fontes (novamente, consulte seus extratos bancários). Se você tiver uma renda irregular que varie de mês a mês, talvez queira orçar um "salário base" mensal

– basicamente, uma média do que você espera ganhar ao longo do ano. Em meses de abundância, economize o extra para os meses mais magros. Esperemos que sua renda mensal seja maior do que suas despesas. Caso contrário, é hora de começar a cortar despesas e/ou aumentar a renda.

Passo 4: Liste suas metas financeiras

Seja específico e descubra quanto será necessário por mês. O que você gostaria de fazer com esse orçamento? Você também vai precisar de categorias para esses itens. Talvez você queira pagar US$5.000,00 de dívidas no cartão de crédito pelos próximos dois anos (ou seja, US$208,33 mensais), economizar US$25.000,00 para um adiantamento da casa, ou economizar 10% do seu salário para a aposentadoria.

Passo 5: Faça uma reunião de família

Se você mora sozinho, isso significa reservar algum tempo mensal para verificar se você cumpriu bem o orçamento e fazer os ajustes necessários. Se você é casado, com ou sem filhos, reserve um tempo para falar sobre os objetivos financeiros de sua família para que todos estejam cientes e colaborem (você pode colocar uma viagem em família ou outra opção atraente como um dos seus objetivos, para que todos tomem a coisa para si!)

Obviamente, isso precisa ser feito de maneira adequada para cada faixa etária – e você provavelmente optará por reuniões separadas com seu cônjuge para acompanhar o progresso de vocês e manter a contabilidade em dia. Lembre-se, esse é um trabalho em andamento – e devemos amar as pessoas e usar o dinheiro (não o contrário).

Na primeira reunião, decidam que tipo de orçamento vão utilizar. Em seguida, revise a planilha de despesas que você já preparou e decida quanto dinheiro irá para cada categoria. Para simplificar o processo, estabeleça pagamentos automáticos de sua conta corrente para sua poupança, conta de aposentadoria, conta do cartão de crédito, parcela imobiliária, e contas. A cada mês, reveja seu orçamento à medida que as coisas mudam.

Provavelmente existem centenas de maneiras de se fazer um orçamento. Essas etapas servem de orientação para você começar. Sugerimos que você siga o orçamento por pelo menos um ano ou até que ele se torne uma segunda natureza e você esteja vivendo dentro de suas possibilidades. Para te ajudar, criei planilhas gratuitas para download que estão disponíveis em nosso website (ou no endereço: www.avemariapress.com/products/catholic-guide-to-spending-less--and-living-more). Como você vai ver, incluí um exemplo baseado em nosso orçamento doméstico, para você começar.

Dicas

Vá devagar e com calma. Pode ser assustador e difícil manter um orçamento no começo. Crie um orçamento que você acha que funcionará para você e diminua suas chances de desistir. Não fique se punindo caso você gaste demais em uma categoria ou faça alguma compra imprudente. Se organize e tente de novo no próximo mês.

Faça-se de surdo para quem só sabe pôr defeitos. Nós tivemos pessoas que questionavam nossa forma de lidar com as finanças. As pessoas nos criticam por não sairmos para comer fora com mais frequência, por usarmos coisas de segunda mão, por economizarmos muito e não gastarmos tanto, normalmente. As pessoas podem te criticar quando você muda de forma visível a maneira de lidar com o próprio dinheiro, especialmente se isso as afeta de algum jeito. Elas podem se perguntar por que você não quer sair para beber alguma coisa ou jantar depois do trabalho, por que você dirige um Toyota de 10 anos, ou por que você não sai com o time para comer alguma coisa depois dos eventos. Sua mudança de estilo de vida pode ser vista como uma negação ao estilo deles. Explique que você está tentando colocar suas finanças em ordem. Às vezes os críticos percebem que você está melhorando quando veem que sua vida sem dívidas criou um estilo de vida menos estressante (fique à vontade para presenteá-los com um exemplar deste livro!).

Lição de casa

- Marque uma reunião de planejamento orçamentário (com seu cônjuge, se tiver).
- Acompanhe e faça uma lista de todas as suas despesas e receitas.
- Escolha um tipo de orçamento.
- Prepare seu orçamento.
- Ponha em prática e siga seu orçamento.
- Dê uma boa chance ao orçamento por alguns meses.

VIII

Acabe com as dívidas
(Rob)

O rico domina os pobres: o que toma emprestado torna-se escravo daquele que lhe emprestou.

(Pr 22, 7)

Tendo apenas minha dívida de US$5.000,00 de empréstimo universitário, sem aumentá-la com coisas como compras no cartão de crédito, pude adquirir uma casa para mim aos 21 anos. Não estava em condições de assumir uma dívida imobiliária que atingisse o meu limite orçamentário, apenas o valor necessário para uma casa econômica a ser reformada, que eu pudesse pagar tendo apenas uma única fonte de renda. Aquela mensalidade baixa (e tendo apenas a dívida imobiliária) permitiu a meu marido e a mim, mais tarde, fazermos coisas como trabalhar algumas horas a menos e termos nosso próprio negócio.

(Alex Fatzinger, 31 anos)

Dívida! Não é uma das minhas palavras favoritas. Nenhum de nós a quer, mas mesmo assim, como um homem sábio disse certa vez, "compramos coisas de que não precisamos, com dinheiro que não temos, para impressionar pessoas de quem não gostamos" (já vi atribuída a Will Rogers, Dave Ramsey, e Tyler Durden do *Clube da Luta*).

Eu fujo de dívidas como fujo das músicas do Nickelback, mas faturas de cartão de crédito fora de controle são cada vez mais a regra.

De acordo com o relatório anual de crédito do consumidor feito pela Experian, a média de fatura do cartão de crédito para adultos nos Estados Unidos era US$6.194,00 em 2019 – um aumento de 3% em relação ao ano anterior.[5]

Vamos examinar esses números. Quer dizer que o casal americano típico tem mais de US$12.000,00 em dívidas de cartão de crédito (e como muitas pessoas não têm dívidas de cartão de crédito, muitas outras devem ter mais de US$6.194,00). Além disso, apenas 35% de todos os titulares de cartões pagam o valor total a cada mês,[6] de forma que a dívida cresce mais e mais à medida que os juros se acumulam. E isso é apenas dívida de cartão de crédito. Não inclui empréstimos para aquisição de carros, empréstimos universitários, empréstimos pessoais, empréstimos rápidos, empréstimos imobiliários, ou o dinheiro emprestado de Vinnie, o agiota local. Não é de se admirar que os casais se encontrem em situações tão instáveis, e citem as questões financeiras como uma das principais causas para o divórcio (embora bancar duas famílias diferentes com a mesma renda só piore a situação financeira da maioria das pessoas).

Amigos, isso não é jeito de se viver. É hora de sair da escravidão das dívidas. É hora de assumir o controle do seu futuro financeiro! Sair da dívida e aprender a economizar é libertador. Ter mais controle sobre as finanças e direcionar o dinheiro para o que você quer diminui enormemente o estresse. Note que eu disse "mais controle."

---

[5] Matt Tatham, "2019 Consumer Credit Review," Experian, 13 de janeiro de 2020, https://www.experian.com/blogs/ ask-experian/consumer-credit-review.
[6] Ethan Wolff-Mann "The Average American Is in Credit Card Debt, No Matter the Economy," 9 de fevereiro de 2016, https:// money.com/average-american-credit-card-debt.

e não "controle absoluto". Problemas e imprevistos econômicos não deixarão de existir, mas você estará mais equipado para lidar com eles.

Perigo: dívidas a frente

O diabo usa as dívidas como ferramenta para atrapalhar nossa tomada de decisão e nos desanimar na busca por um trato mais sábio com o dinheiro. "Bem, você já foi para o buraco, o que são mais US$200,00?" Ou: "Você não pode querer mais um filho! Mal consegue pagar pelos que você já tem." Lembro dessas vozes quando me sinto tentado a apertar o botão de "comprar com 1 clique" tarde da noite na Amazon.

A gratificação instantânea que o comércio digital oferece também tem consequências em outras áreas da vida. Vejo jovens adultos que estão profundamente endividados com despesas da faculdade, carro e viagens, mas que não pensam duas vezes em dar um pulinho no *fast-food* ou na lanchonete. O que são mais US$20,00 quando você já tem uma dívida de milhares de dólares? Nosso filho Robert, 21 anos, não caiu na ideia de gastar muito com uma "experiência universitária divertida". Ele mesmo diz: "Eu ainda me diverti cursando uma faculdade comunitária[*] e depois, quando me transferi para a Universidade de Maryland. Embora às vezes eu desejasse ter cursado todos os meus quatro anos lá, o dinheiro que economizei e os créditos que acumulei enquanto frequentava a faculdade comunitária valeram o esforço."

---

[*] Os *community colleges* são consideravelmente mais baratos (em média 60%) que as faculdades tradicionais nos Estados Unidos. Seus cursos não são equivalentes a uma graduação, mas facilitam a transferência para uma universidade e possibilitam ao aluno, posteriormente, cortar créditos em disciplinas já cursadas, o que reduz o tempo do aluno na faculdade, e diminui os gastos com mensalidades. (N.T.)

Mesmo assim, nossa família cometeu muitos erros, alguns maiores e outros menores. Felizmente, os filhos mais velhos podem aconselhar os mais novos sobre maneiras de não repetirem os mesmos erros, e dar boas sugestões de como ajeitar as finanças. Vai por mim, eles não querem ouvir isso de seus pais, que eles acham que nasceram durante a Crise de 29.

Então, qual é o grande segredo para se livrar das dívidas? Bem, talvez você já tenha ouvido a expressão: "A maneira mais fácil de perder peso é não ganhar, em primeiro lugar." É a mesma coisa com a liberdade financeira: A maneira mais fácil de sair da dívida é não se endividar. Há muitos recursos que ajudam a sair da dívida (listamos alguns no final deste livro). Mas como podemos evitar as dívidas, antes de mais nada – ou não contrair novas, uma vez que você já tenha se livrado delas?

Cuide de cada moedinha (e o seu dinheiro vai se cuidar)

O título do livro inclui uma frase que resume a coisa toda muito bem: "gastar menos e viver mais". Outra expressão chave que você vai querer guardar é "gastos inteligentes", que explicamos na parte 1. Quando investimos nossos recursos nas coisas que realmente importam e que precisamos de fato, somos como os servos da parábola dos talentos (cf. Mt 25, 14-30) que gastaram de forma sábia os talentos que o mestre lhes deu – e obtiveram um lucro pelo qual ele lhes recompensou.

Então, o que significa gastar com sabedoria? Aqui estão algumas dicas para viver bem, gastar menos e não se endividar:

- Peça ao Espírito Santo que te ajude a usar bem seus recursos. Peça a Ele uma forcinha quando você for tentado a desperdiçar

dinheiro ou quando aparecer uma oportunidade de ser generoso com os outros.
- Aprenda que uma boa vida envolve disciplina e doação. Deus abençoa quando damos o dízimo à paróquia e doamos generosamente aos necessitados. Ofereça a Deus não apenas o que sobra, mas, como a viúva do Templo, o que você tem de melhor (cf. Lc 21, 1-4).
- Tenha uma vida simples e sem um monte de "tralhas". Venda o que você não precisa. Se você não tiver usado algo ano passado, é provável que você possa viver sem isso. Use o Marketplace do Facebook, eBay, Craiglist, ou venda as coisas para uma loja de usados ou em uma venda de quintal. Escolha o que te deixar mais confortável. Algumas pessoas lidam bem com o eBay (Rob, o introvertido), outras preferem vendas de quintal (Sam, a extrovertida). Veja o que funciona para você.
- Cuide da papelada para evitar despesas desnecessárias. Acompanhe suas contas para não deixar que atrasem. Ative o pagamento automático das contas, use calendários e outras táticas para evitar o pagamento de taxas desnecessárias, assim como taxas por atraso, multas de estacionamento e excesso de velocidade (sim, Sam, estou falando de você).
- Aproveite o que é gratuito. Jogue o jogo de quem consegue arranjar a melhor noite de diversão em família sem gastar dinheiro. Nossa biblioteca tem uma grande coleção de DVDs, além de livros. Parques e museus sempre possuem dias da semana em que costumam ser gratuitos.
- Viva dentro de suas possibilidades. Viva em uma casa e dirija um carro pelos quais você pode pagar. Se você gasta mais da metade do seu salário bruto para colocar um teto sobre sua

cabeça, talvez seja a hora de mudar essa situação (ou procurar uma renda extra). Da mesma forma, um Toyota bem cuidado de 10 anos não é tão elegante quanto um Mercedes novo, mas pode levá-lo do ponto A ao ponto B da mesma forma. Menciono o "bem-cuidado" e "Toyota" de propósito. Você quer um carro que tenha sido bem cuidado e que não vai te arrancar cada centavo com reparos. E você quer um carro de uma empresa conhecida pela qualidade.

- Reze para usar o dinheiro inesperado de forma sábia. Resista ao impulso de gastar o próximo bônus ou reembolso dos impostos em umas férias caras se você estiver tentando pagar a dívida ou construir um fundo de emergência. O "dinheiro inesperado" é outra forma de Deus prover – aprenda a discernir em oração o que Ele quer que você faça com ele.

- Não deixe que o desemprego te afaste do bom caminho. Se o pior acontecer e você perder seu emprego, encontre algo, qualquer coisa, o mais rápido possível – mesmo quando estiver procurando uma oportunidade melhor. Dois de nossos filhos em idade universitária perderam o emprego durante a pandemia de Covid-19. O primeiro deles baixou o aplicativo DoorDash e começou a entregar comida várias vezes por dia. Depois de algumas semanas, ele conseguiu um emprego em tempo integral na Safeway fazendo entregas. Ele continuou com o DoorDash, como renda extra. O segundo filho fez alguns telefonemas e conseguiu um emprego em uma sorveteria (acontece que sorvete é essencial).

- Se ajude. Em alguns sites você pode verificar seu *score* de crédito. Um *score* excelente (de 701 ou mais) significa melhores condições de empréstimo, com menores taxas de juros. Se o seu *score* não é excelente, há maneiras de melhorar isso: novamente, pesquise alguns artigos na internet que explicam como aumentar sua pontuação. Ligue para sua operadora de cartão de crédito e negocie uma taxa de juros menor. Quando os juros baixarem, veja se não faz sentido refinanciar sua casa (não pegue outro empréstimo). Conforme as oportunidades surgirem, reze pedindo sabedoria.

- Não caia (de novo) na armadilha do crédito. Uma vez que você tenha o trabalho árduo para se livrar, afaste-se sistematicamente dos velhos hábitos. Observe o que você passa no cartão de crédito todo mês para garantir que você possa pagar a conta por inteiro. Em outras palavras, não compre nada a menos que você tenha o dinheiro para pagar. Evite acordos de "compre agora, pague depois" e "financiamento sem juros", que apenas adiam a dívida. A oferta de "seis vezes sem juros" pode parecer ótima, mas as empresas oferecem negócios como esse porque sabem que a grande maioria dos clientes que as aceitam (cerca de 98%) não pagam a dívida dentro de seis meses.

Dívida boa?

Vamos entrar em uma controvérsia financeira: toda dívida é ruim? Existe alguma dívida boa? Eu não considero todas as dívidas como ruins, mas tenho aversão em usar a palavra "boa" para se referir a uma dívida. Prefiro falar em "dívida inteligente", vendo a dívida como uma ferramenta que (assim como um martelo) pode ser bem ou mal utilizada. Como o tio Ben costumava dizer nos quadrinhos do Homem-Aranha: "Com grandes poderes vêm grandes responsabilidades."

As boas dívidas incluem empréstimos a juros baixos que funcionam para aumentar sua renda ou seu patrimônio líquido. Empréstimos imobiliários e comerciais são bons exemplos. Por outro lado, as dívidas ruins afetam suas finanças de forma negativa. Empréstimos com juros altos, saldo do cartão de crédito e empréstimos para carro são exemplos de dívidas ruins.

Levando tudo em consideração, as dívidas do cartão de crédito provavelmente têm o pior custo-benefício. Primeiro, estudos mostram que as pessoas gastam mais quando fazem compras no cartão de crédito do que quando usam dinheiro. Além disso, os cartões de crédito têm taxas de juro na exorbitante faixa de 15% a 28% e são geralmente usados em compras que não acrescentam nada ao seu patrimônio líquido. Depois que você come a comida, gasta a roupa, quebra o aparelho eletrônico, rasga o bilhete perdedor da loteria e termina sua cerveja, tudo o que resta é um saldo de cartão de crédito com taxa de juros muito alta. Isso é a exata definição de dívida ruim.

Agora vamos dar uma olhada mais de perto em certos tipos de dívida.

Empréstimo imobiliário

É o mais perto de uma boa dívida que posso imaginar. Ainda não gosto muito, e priorizamos o pagamento de nossas dívidas imobiliárias acima de outros objetivos financeiros. Alguns sugerem que manter uma dívida imobiliária não é algo ruim, considerando a dedução do imposto de renda e o custo mais baixo dos juros em comparação com outros tipos de dívidas. As coisas eram diferentes quando tínhamos nossa dívida. As taxas de juro eram muito mais altas. Nossa primeira casa tinha uma taxa de juros de 10%. Nossa última era de pouco mais de 6%. É por isso que pegamos um empréstimo de quinze anos e pagamos um pouco mais do que a mensalidade a cada mês. Também desfrutamos da paz de espírito que vem com a posse de nossa casa própria.

Para melhor ilustrar a economia de nosso empréstimo imobiliário de quinze anos, conto uma história.

Naquele tempo, duas irmãs que moravam em Betânia, Maria e Marta, ambas estavam procurando uma casa nova em Jerusalém. Elas queriam viver na cidade grande e cada uma delas queria um lugar para chamar de seu. Maria estava cansada de Marta a incomodando para varrer o chão.

Depois de encontrar uma imobiliária, cada uma escolheu um lugar e foi ver o financiador local para saber quanto teriam que pagar todo mês por suas respectivas casas, que custavam US$200.000,00. Cada uma delas recebeu uma taxa de juros de 3% e a opção de pagar a casa ao longo de quinze ou 30 anos. Normalmente, o empréstimo de quinze anos teria uma taxa de juros mais baixa, mas o financiador estava com pressa para a Páscoa.

Elas empunharam seu ábaco de bolso e fizeram algumas contas rápidas:

Empréstimo de trinta anos *versus* empréstimo de quinze anos de US$200.000,00 a 3%.

Pagamentos mensais: US$843,00 (empréstimo de trinta anos) *versus* US$1.381,00 (empréstimo de quinze anos).

Total pago durante trinta anos: US$303.556,00
Total pago durante quinze anos: US$248.609,00

Não surpreende que Maria tenha escolhido o empréstimo de trinta anos com o pagamento mensal muito mais baixo. Ela não precisaria trabalhar tanto e poderia passar mais tempo sentadas aos pés dos mestres itinerantes. Marta, por outro lado, gostou da ideia de pagar US$55.000,00 a menos durante o empréstimo. O dinheiro economizado permitiria a ela finalmente começar aquela empresa que ela sonhava para ajudar as pessoas a organizar melhor suas casas. Neste caso, foi Marta, e não Maria, que escolheu a melhor parte.

Como a maioria de nós não pode comprar uma casa com nosso dinheiro, nos valemos de empréstimos (se você pode pagar em dinheiro por uma casa, você provavelmente não precisa deste livro). Quem contrai uma dívida imobiliária deve se certificar de ter um bom *score* de crédito, uma dívida baixa e algumas economias. Consulte algumas opções para fechar o melhor acordo. Considere uma dívida de quinze ou vinte anos se os seus pagamentos correspondem ao orçamento. Se possível, pague um pouco mais do que a mensalidade a cada mês.

Empréstimo para carros

Um empréstimo de cinco a sete anos com juros de 5 a 8% por um item que rapidamente se desvaloriza está dentro da categoria de dívida ruim. Entendo que algumas vezes não há outra escolha a não ser contrair um empréstimo para adquirir o carro; eu já passei por isso. Contraí um empréstimo para o meu carro logo após a faculdade, e quando ele morreu, eu não tinha nenhum dinheiro guardado (que vergonha) e uma hora de ida e volta para o trabalho sem transporte público disponível. Então, comprei um carro usado decente e fiz um empréstimo de US$3.000,00 com juros de 10% (eram os anos 1980).

Esse empréstimo me incomodou, e eu fazia pagamentos a mais para me livrar logo dele. Desde aquela época, nunca pedimos dinheiro emprestado para comprar um veículo. Esses empréstimos são um péssimo jeito de empregar seu dinheiro.

No geral, dirigimos nosso caro até não podermos mais. Economizamos dinheiro para um carro usado em bom estado enquanto nosso carro ainda está funcionando, para ter dinheiro para pagar por um carro quando o atual morre. Infelizmente, esse hábito não foi bem transmitido para nossos filhos. Cinco dos meus filhos mais velhos fizeram empréstimos para adquirir um carro. Todos eles estavam em uma situação parecida com a minha quando terminaram a faculdade – carro velho morrendo e pouco dinheiro. Nesses casos, não há muito o que fazer se você precisa de um carro. Mas, por favor, pegue algo prático a um bom preço.

Cartão de crédito

Sempre, sempre, sempre pague sua fatura na íntegra todo mês. Pareço dogmático? Vamos examinar mais de perto o uso adequado do cartão de crédito.

Existe uma maneira certa de usar o cartão de crédito? Muitos gurus financeiros recomendam cortar o cartão de crédito e nunca o usar, não importa o que acontecer. Isso é algo a ser considerado se você tem vício em compras e não consegue pagá-lo todo mês. Alguns sugerem que se mantenha um cartão de crédito para emergências e viagens.

Eis o que eu penso: Não tem problema usá-lo por conveniência ou para acumular alguns pontos, desde que você os pague mensalmente. Usamos os nossos para a maioria das nossas despesas, pagamos todos os meses e acumulamos pontos de companhias aéreas. Eu preferiria usá-los apenas para emergências ou viagens, mas Sam não se sente muito confortável carregando grandes somas de dinheiro e já teve problemas usando o cartão de débito no passado (ou seja, esquecendo de dizer ao contador da família sobre as compras e secando a conta corrente).

Se você tiver uma pontuação baixa ou inexistente, obter um cartão de crédito e usá-lo corretamente pode ajudar a construir sua pontuação. Pouco depois do seu décimo oitavo aniversário, todos os nossos filhos adultos solicitam cartões de créditos para universitários. Esses cartões não têm taxa anual e o limite de crédito é de US$1.000,00, limitando a quantidade de danos que eles podem fazer. Isso lhes permitiu começar a construir um *score* de forma responsável. Mais tarde, quando eles estavam comprando casas e carros, ter esse crédito estabelecido facilitou a obtenção de empréstimos a uma taxa mais favorável.

Também aproveitamos as condições especiais que algumas lojas oferecem (tanto on-line quanto físicas) para o uso de cartão. Por exemplo, temos um cartão de crédito de um grande varejista on-line com o nome de um famoso rio da América do Sul. Fazemos muitas compras no tal varejista. Ao utilizar esse cartão de crédito em particular, economizamos 5% em todas as compras. Como fazemos com qualquer cartão de crédito, apenas nos certificamos de pagá-lo todo mês.

Quando reformamos nossa cozinha, compramos todos os nossos eletrodomésticos de uma grande loja de departamentos que funcionava com 0% de juros, sem pagamentos mínimos durante um ano. Compramos os balcões e armários de uma grande loja de ferragens que tinha condições semelhantes. Tínhamos o dinheiro e podíamos pagar tudo adiantado, mas eu preferi colocar o dinheiro em uma poupança e ganhar com os juros.

Cuidado, isso pode ser arriscado. Se você usar o dinheiro para outros fins e não pagar essas contas dentro desse período de um ano, você estará pagando um ano de juros sobre toda a compra. Essa estratégia demanda autocontrole e disciplina, e não deve ser usada por aqueles que estão lutando para se livrar das dívidas.

Empréstimos estudantis

É triste o fato de os estudantes estarem contraindo cada vez mais dívidas. O custo da faculdade aumenta a uma taxa muito maior do que a inflação. Dentro de nossa própria família, enquanto todos os nossos filhos trabalham durante a faculdade e pagam suas próprias mensalidades (veja o download "College the Fatzinger Way" em www.avemariapress.com/products/catholic-guide-to-spending-less-and-living-more), alguns deles ainda precisam adquirir empréstimos, especialmente para pós-graduação.

Temos uma grande aversão aos empréstimos estudantis. Isso não significa que somos 100% contrários, apenas julgamos que eles devem ser evitados o máximo possível. Pedi a nosso filho Caleb que compartilhasse algumas dicas úteis sobre como administrar a dívida estudantil:

Quando entrei na faculdade, percebi que, por não ser milionário, não havia como pagar por US$100.000,00 – US$150.000,00 de pós-graduação durante os três anos de curso. No entanto, eu podia trabalhar (e assim eu fiz) meio período para pagar os gastos e cobrir alguns custos.

Trabalhava quatro manhãs por semana, das 5h45 às 8h45, antes das aulas. Estudantes que trabalham pagam US$15,00 por hora, então eu aproveitei!

Tenha em mente que quando você contrai um empréstimo você tem um período de carência de seis meses após o curso, que é quando você não precisa fazer pagamentos. Faça-os assim mesmo, se puder, para evitar o acúmulo de juros. Uma vez que você começa a pagar, refinancie com frequência. É uma chatice, mas faça. Consegui baixar as taxas de juros sobre alguns dos meus empréstimos de 8% para 5%. O pagamento automático pode economizar 0,25% também. No entanto, o banco não aceita os pagamentos recorrentes, se você tiver vários empréstimos, e algum deles tiver taxas de juros mais altas, então pague esses empréstimos primeiro. Se você vai para o serviço público depois de formado, aproveite o PSLF (Public Service Loan Forgiveness).[7] Minha esposa e eu usamos o fitbux.com (site de planejamento de empréstimo estudantil). Joe, o fundador, é incrível. Ele ajuda a administração de empréstimos estudantis (incluindo refinanciamento, planos de reembolso, e encontrar certos programas de pagamento como a PSLF).

A essa altura você pode estar se perguntando como gastar seis dígitos em uma pós-graduação pode estar alinhado com o lema de "gastar menos e viver mais" deste livro. Justo. Do ponto de vista do "retorno sobre investimento", contrair um empréstimo estudantil para certas profissões pode ser um bom investimento; para outras, nem tanto assim. Engenharia, medicina, economia e direito, assim como alguns níveis técnicos – mecânica, encanamento, elétrica e outras especializações – podem levar a um emprego logo após a graduação. Para essas carreiras, contrair empréstimos estudantis pode fazer sentido como um investimento no bem-estar financeiro

---

[7] Lei criada em 2007 que permite o abatimento de dívidas estudantis em troca de serviço público. (N.T.)

do futuro. Já literatura russa, história da arte e estudos de gênero, nem tanto.

Dívida e mídias sociais

Nos últimos vinte anos, ansiedade, depressão e estresse têm aumentado, particularmente entre os jovens adultos, muitos dos quais forçados a voltar para a casa após formados sem a perspectiva de um emprego e cujas dívidas pessoais chegam a níveis angustiantes. Agora, não estou colocando toda a culpa nas dívidas. Parte do estresse nasce de expectativas irreais que os jovens criam a partir do que estão vendo na mídia (tanto a tradicional quanto as mídias sociais). Estou falando de um fluxo constante de imagens da chamada "vida perfeita", cheia de viagens, roupas novas, bebidas e restaurantes caros. As tentativas de viver esse padrão de vida, de maneira consciente ou não, tender a esvaziar carteiras, esgotar poupanças e aumentar cada vez mais as faturas do cartão de crédito.

O que podemos fazer como católicos que buscam viver a santidade em um mundo sem Deus? Eu acredito que começar com pequenos sacrifícios. Nenhum chacoalhão é tão eficaz quanto um pouco de sofrimento bem direcionado. Por exemplo, o que o jejum faz com nosso caráter pode mudar a nossa vida. Quer você abrace um jejum de comida, álcool ou tempo em frente às telas, ficará surpreso com o quanto você pode evoluir.

Se quer mudar o mundo, tente mudar alguns maus hábitos. Minha esposa diz que a pandemia bagunçou a vida dela e que está tentando voltar a estabelecer metas de crescimento espiritual e controlar alguns hábitos irritantes e pecados de estimação. Ela está me importunando agora, querendo dar uma palavrinha sobre isso. Sai daqui, Sam!

Deixe Deus te preencher (Sam)

Quando eu me sinto esgotada, descubro que a melhor coisa a se fazer não custa nada: Desligar a televisão e passar algum tempo meditando as Escrituras. Deixe o Espírito Santo falar ao coração. Quando nos sentimentos desesperados por causa das nossas circunstâncias pessoais, ou tentados a voltar aos velhos hábitos, a Palavra de Deus é onde podemos ouvir sua voz com mais clareza e crescer na graça. Aqui está uma das minhas passagens favoritas, do capítulo 6 da Carta aos Efésios:

> Finalmente, irmãos, fortalecei-vos no Senhor, pelo seu soberano poder. Revesti-vos da armadura de Deus, para que possais resistir às ciladas do demônio. Pois não é contra homens de carne e sangue que temos de lutar, mas contra os principados e potestades, contra os príncipes deste mundo tenebroso, contra as forças espirituais do mal (espalhadas) nos ares. Tomai, portanto, a armadura de Deus, para que possais resistir nos dias maus e manter-vos inabaláveis no cumprimento do vosso dever. Ficai alerta, à cintura cingidos com a verdade, o corpo vestido com a couraça da justiça, e os pés calçados de prontidão para anunciar o Evangelho da paz. Sobretudo, embraçai o escudo da fé, com que possais apagar todos os dardos inflamados do Maligno. Tomai, enfim, o capacete da salvação e a espada do Espírito, isto é, a Palavra de Deus. Intensificai as vossas invocações e súplicas. Orai em toda

circunstância, pelo Espírito, no qual perseverai em intensa vigília de súplica por todos os cristãos.

(Ef 6, 10-18)

Sejamos bons soldados com a nossa armadura pronta para a batalha. A batalha não termina até que estejamos no céu. O objetivo da nossa família é receber com frequência os sacramentos, inclusive a confissão, e compartilhar nossa fé através do exemplo. Eu falho diariamente (aliás, de hora em hora), mas com a ajuda do meu marido, filhos, amigos e comunidade, posso me recuperar e me esforçar para voltar ao caminho certo, espiritualmente e financeiramente. E da mesma forma, você também pode.

Lição de casa

- Você tem dívidas – como as de cartão de crédito – que precisa controlar? Se sim, você já fez um plano para eliminá-la?
- Você tem um empréstimo imobiliário? O valor mensal está bom para você ou te tira o sono?
- Você tem um empréstimo do carro que pode pagar? Faria mais sentido pagá-lo mais cedo ou vender o carro e conseguir um usado? Faça as contas e decida.
- O que você acha de empréstimos estudantis? Se você tem filhos, já discutiu com seu cônjuge como vai administrar as despesas da faculdade?

IX

Economize para aquilo que você quer
(Rob)

Na casa do sábio há preciosas reservas e óleo; um homem imprudente, porém, os absorverá.

(Pr. 21, 20)

Não economize o que sobrou depois de gastar; em vez disso, gaste aquilo que sobrou após economizar.

(Warren Buffett)[8]

Parodiando William Shakespeare: "Guardar dinheiro ou não guardar? Eis a questão."

Se você leu este livro até aqui, acho que sabe a resposta. Economize até não poder mais, depois economize mais um pouco. Como? Primeiro, vamos abordar a grande questão do porquê. Lemos no livro dos Provérbios: "Os bens que muito depressa se ajuntam se desvanecem; os acumulados pouco a pouco aumentam." (Pr 13, 11)

Embora a confiança em Deus e a generosidade com o próximo sejam marcas da vida cristã, também somos chamados a exercer as virtudes da prudência, da sabedoria e do autocontrole. Não podemos contar com o socorro financeiro ou a economia alheia. São Paulo disse: "Quando

---

8 Alice Schroeder, *Re Snowball: Warren Buffett and the Business of Life* (Nova York: Bantam Books, 2008). Edição brasileira: Alice Schroeder, *A bola de neve: Warren Buffett e o negócio da vida* (Rio de Janeiro: Editora Sextante, 2008).

eu era criança, falava como criança, pensava como criança, raciocinava como criança. Desde que me tornei homem, eliminei as coisas de criança" (I Cor 13, 11). Isso inclui esperar que os outros carreguem nossos fardos como se fossem seus. É maravilhoso quando os amigos nos acodem em momentos de emergência, mas contar com os outros (incluindo o governo) para prover o que nós devemos prover não é realista, nem prudente.

Também não devemos achar que Deus irá nos salvar de nossas próprias escolhas ruins. A fé não é uma desculpa para irresponsabilidade. Seria uma grande tolice pensar: "Não estou preocupado com a aposentadoria agora; estou aproveitando a vida. O Senhor providenciará. Ele toma conta de nós."

É claro, Deus é nosso Pai e, como qualquer bom pai, Ele nos provê. Ele também permite que experimentemos as consequências de nossas escolhas (boas e más) e nos dá razão e capacidade de pensar e agir por conta própria.

Escolher não economizar para aposentadoria e esperar que Deus cuide disso é como deixar seu Porsche estacionado em uma parte ruim da cidade com as chaves na ignição. Deus espera que usemos os dons intelectuais que Ele nos deu (sabedoria e entendimento, por exemplo) em todos os aspectos de nossa vida. Devemos nos alegrar por Ele ter-nos dado a capacidade de raciocinar e planejar para o futuro. Uma vez posta em prática, uma boa estratégia de economia não apenas nos proporciona um bom futuro, mas alivia o estresse de agora.

Tenha a coragem de economizar. Pode ser assustador começar uma nova aventura, especialmente se você não estiver seguro do caminho a seguir. Mas fique tranquilo, você não está sozinho, e fazer um plano é algo ao alcance de todos.

Muitas pessoas santas já disseram que "o corajoso é o medroso que lembrou de rezar". Cristo ressalta a necessidade de oração e jejum (cf. Mt 17, 21). Pense na economia como um jejum, e a sua vida espiritual se encherá de luz e sabedoria.

O fundo de emergência

Conforme a vida acontece, você precisa estar preparado. O cabo quebra, a máquina de lavar deu defeito, seu dentista diz que o Joãozinho vai precisar de um aparelho, você é demitido sem aviso prévio... emergências e catástrofes, grande e pequenas, acontecem inesperadamente. Conte com isso.

Prepare o fundo de emergência. Antes de estabelecermos essas bases de segurança financeira, corríamos atrás de como administrar esses imprevistos. Às vezes, demos um passo para frente e dois para trás com nossas economias. Esvaziávamos a poupança para pagar um conserto no carro, e antes que pudéssemos recuperar o prejuízo, a geladeira pifava.

Finalmente, fizemos um grande esforço e priorizamos um fundo de emergência. Depois de lutarmos por anos para avançarmos com nossas contas de emergência, finalmente temos um bom pé-de-meia. Quando se tem o dinheiro na poupança, pagar por uma nova máquina de lavar louça, por exemplo, se não é algo divertido pelo menos não é um estresse.

Falamos sobre alguns detalhes de como gerenciamos nosso fundo de emergência na primeira parte do livro – depósitos regulares na conta no dia do pagamento, e dinheiro extra que recebíamos de bônus no trabalho, renda extra, venda de itens e reembolso de imposto de renda. O resultado: Há anos estamos acumulando as economias. Em alguns meses o saldo aumenta, em outros diminui, mas é uma lenta trajetória ascendente. Nossa meta de cinco anos (que coincide com nossa meta de aposentadoria) é economizar dois anos de despesas básicas da vida. No caso de outra quebra violenta da bolsa (e estou pensando na Covid-19,) pode demorar um pouco mais, mas já andamos 40% do caminho. Como nós fizemos isso? Que bom que perguntou.

A mágica do mercado monetário e a estratégia da escada

A cada pagamento, reservo uma parte do dinheiro para nosso fundo de emergência. Divido o dinheiro entre uma conta do mercado monetário em um banco on-line (com juros melhores do que um banco convencional) e uma escada de CDBs (certificados de depósito bancários) que estou construindo, também no banco on-line. Os CDBs pagam uma taxa de juros maior do que a conta no mercado monetário, mas em troca, seu dinheiro fica preso por um período de tempo maior. Isso dá um trabalho a mais, uma vez que agora você não tem só uma conta, mas várias contas de CDBs para acompanhar. Mas o serviço do banco on-line torna o processo mais rápido e indolor.

Há várias maneiras de construir sua escada de CDBs. Segue uma visão geral de como o fazemos. Eu tenho doze CDBs de um ano. Passei um ano preparando um CDB por mês. Portanto, agora, todo mês um CDB chega ao prazo. Quando o CDB atinge o prazo para o mês, eu adiciono a ele um valor e o deposito de novo por um ano. O bom do banco on-line que usamos é que não há um saldo mínimo necessário para você adquirir um CDB. Você pode adquirir um com qualquer valor que te seja possível. Se você estiver interessado no conceito da estratégia da escada e quiser saber sobre as diferentes maneiras de se criar uma, o Google está aí.

O FUNDO DE AMORTIZAÇÃO

No contexto das finanças pessoais, o fundo de amortização é uma conta usada para as despesas irregulares (não mensais) como pagamentos de seguro e matrículas escolares; para economizar para um gasto maior como férias, reforma no telhado ou carro novo; ou para pagar grandes despesas médicas. Essa é uma quantia de dinheiro reservada para isso regularmente, diferente de sua poupança e dos fundos de emergência.

Quanto você precisa ter nesse fundo? Boa pergunta – e a resposta correta está no exame do seu próprio histórico de gastos. Temos mantido nosso fundo desde 2012, e é assim que calculamos a quantia que precisamos colocar nele. Primeiro, listamos os itens que sabemos que teremos de pagar no próximo ano e o valor aproximado de cada um:

Seguro do imóvel: US$1.500,00
Imposto sobre propriedade: US$5.400,00
Condomínio: US$600,00
Seguro do carro (3 carros): US$2.400,00
Reserva para compra de carro usado: US$1.200,00
Manutenção do carro: US$1.000,00
Despesas médicas: US$2.500,00 (somos muito saudáveis!)
Custos com ensino: US$5.000,00
Água: US$1.200,00
Valor total: US$20.800,00 / 24 pagamentos = US$866,66

Eu recebo dois pagamentos mensais. A cada pagamento, eu transfiro US$865,00 para uma poupança no mercado monetário chamada Fundo de Amortização. É parecido com o que seu banco ou credor hipotecário faz ao criar uma conta caução em seu nome, adicionando uma parte do custo total do imposto sobre sua propriedade e do seguro a cada pagamento mensal seu para garantir que essas despesas sejam cobertas todos os anos.

Uma vez por ano, eu refaço o exercício acima e ajusto os valores conforme necessário. Na maior parte dos anos, eu descubro que tenho dinheiro a mais na conta. Se for o caso, eu não acrescentarei mais dinheiro em um ou dois pagamentos. Alguns meses posso não ter a quantia inteira necessária para o fundo de amortização, então algumas vezes ao ano eu ponho a mais para ter certeza de que estamos cobertos.

Algumas das quantias acima são suposições. Não sei quanto iremos gastar com a manutenção do carro naquele ano. Em 2018 gastamos US$4.000,00 dólares na manutenção do carro, a maior parte no sistema de transmissão defeituoso da nossa van. Na maioria dos anos, nossos custos de manutenção são inferiores a US$1.000,00.

As despesas médicas estimadas em US$2.500,00 são um valor menor do que o mínimo para o nosso plano de saúde começar a cobrir as despesas, que é US$3.700,00. Alguns anos nós gastamos menos de US$2.500,00. E às vezes gastamos mais se houver uma grande cirurgia ou o nascimento de um filho. Nossas despesas médicas potenciais são mais de US$3.700,00. Após isso, precisamos pagar 20% das despesas, até um valor total de US$6.500,00. Alguém pode perguntar: "Por que você não usa o dinheiro da sua poupança de saúde para pagar as despesas médicas?" O motivo é fiscal. Falo com mais detalhes da poupança de saúde mais para a frente neste capítulo.

Guardando para a faculdade

Somos malvados; fazemos nossos filhos pagarem a própria faculdade. O material "College the Fatzinger Way" (disponível no link www.avemariapress.com/products/catholic-guide-to-spending-less-and-living-more) tem mais informações de como eles fazem isso e como tem funcionado até agora.

Para os bons pais que estão guardando para a faculdade dos filhos, um plano 529* é o melhor caminho a seguir.

Um plano 529 é uma poupança com benefícios fiscais que tem por finalidade ser usado em despesas educacionais. Além da faculdade, ele pode ser usado para educação básica e programas de jovem aprendiz. Os dois principais tipos de plano 529 são os de economia (semelhantes a uma corretora, onde você coloca o dinheiro que é investido em fundos) e de anuidade pré-pagas (o que permite você pagar as anuidades nos valores atuais).

Para qualquer coisa que você queira saber sobre os planos 529, acesse savingforcollege.com.

Economizando para a aposentadoria

Muita gente gosta de sonhar com a aposentadoria. Alguns tem sonhos bastante nobres: "Vou ajudar mais na Igreja quando me aposentar" ou "Irei à missa todo dia quando me aposentar", ou "Vou considerar o diaconato quando me aposentar". Infelizmente, muitos casais nunca conseguem realizar seus sonhos porque um deles fica doente ou morre antes de poder economizar o suficiente para se aposentar.

As escolhas que fizermos em relação às nossas finanças hoje podem fazer toda a diferença. Se Deus quer que você seja as suas mãos e pés nesse momento, a vida livre das dívidas permite que você seja mais generoso com os outros. Mas se você espera dedicar-se a um tipo diferente de missão em seus últimos anos, economizar o suficiente para se aposentar mais cedo te dará liberdade para explorar essas opções.

---

* Um plano de investimento com algumas vantagens fiscais nos EUA, pensado para custos educacionais. (N.T.)

Quando você tem vinte e poucos anos, é difícil que a poupança para a aposentadoria seja uma prioridade, porque há muitas outras preocupações financeiras urgentes. Você acha que terá muito tempo para economizar mais tarde. Quando eu fiz 30 anos (em meados dos anos 1990), as histórias dos déficits federais encheram os noticiários e eu estava preocupado que a Previdência Social não existisse mais para complementar nossa aposentadoria. Percebi que não podíamos contar com o governo.

Então, tomei para mim a questão da poupança para a aposentadoria. "Economizar como se não houvesse Previdência Social" se tornou meu mantra. Decidi economizar o suficiente para que, ao chegarmos à idade da aposentadoria, pudéssemos viver de nossas economias e investimentos e não precisasse contar com a Previdência Social. Aqui estamos nós, muitas décadas depois, e parece que a Previdência Social nos dará algum dinheiro quando nos aposentarmos. Mas eu digo a meus filhos para não contar com isso, e digo para que comecem a economizar agora. Por quê? Como já falamos no primeiro capítulo, por causa dos juros compostos.

Quanto eu devo guardar? A resposta curta é: O quanto você puder. Economize até não poder mais, depois economize mais um pouco. A resposta longa: Depende da sua idade atual, os anos que faltam até a aposentadoria, margem de risco, dinheiro guardado até aqui, pensões a que você tem direito, e o estilo de vida que você almeja nos anos dourados. Há muitas calculadoras de aposentadoria on-line que podem ajudar nesse processo. Eu uso uma chamada FIRECalc.

Algumas pessoas defendem a regra dos 4%: Economize o bastante para que você possa viver com 4% de sua poupança de aposentadoria por ano. Em tese, o dinheiro vai durar até seu encontro com São Pedro. Um cálculo nu e cru seria este: Renda anual desejada na aposentadoria x 25 = sua poupança desejada na aposentadoria. Portanto, se você quiser tirar US$40.000,00 por ano de suas contas na aposentadoria,

US$40.000,00 x 25 = US$1.000.000,00. Nesse caso, US$1.000.000,00 é a meta da poupança.

Que tipo de conta eu preciso? Há muitos tipos de conta de investimento ou ferramentas que podem ser usadas para a aposentadoria. Pense nelas como contêineres que guardam o dinheiro. Todas essas contas têm diferentes regras para as contribuições máximas, limites máximos de rendimento, se o dinheiro é tributado agora ou quando retirado e requisitos de idade para retirar. Algumas dessas regras podem tornar tudo mais complexo, portanto, faça seu trabalho ou consulte um profissional adequado.

Priorizamos o financiamento de nossas contas de aposentadoria nesta ordem:

1. Otimizar os fundos do empregador. Veja com o RH de sua empresa se seu empregador oferece fundos de garantia da empresa 401(k), 457(b) ou conta 403(b). Se for o caso, aceite-os! Digamos que seu empregador iguala sua contribuição por até 4% do seu salário. Por que deixar esse dinheiro para lá? Se você mudar de emprego, você pode mover o dinheiro para outro fundo.
2. Otimizar a poupança de saúde. Uma poupança de saúde é como uma conta de aposentadoria com esteroides. Se fosse possível apaixonar-se por uma poupança, a de saúde seria minha amada. Você pode ser elegível para uma delas através de seu empregador se tiver um plano de saúde com uma taxa mínima de ativação alta – ou você pode contribuir para uma delas por iniciativa própria, se atende aos critérios. Os limites de contribuição atualmente são de US$3.550,00 para cobertura individual e US$7.100,00 para cobertura familiar. No momento em que escrevo, aqueles com 55 anos ou mais

podem contribuir com US$1.000,00 a mais. Se você ainda não tem uma poupança de saúde, consulte um profissional e veja se você não se qualifica para uma.

Poupanças de saúde possuem três grandes benefícios fiscais: (1) podem ser abatidas do imposto de renda, (2) seus ativos normalmente são livres de impostos e (3) podem ser retirados sem taxas extras desde que utilizadas para despesas médicas – mesmo despesas de anos atrás (eu registro todas as despesas médicas que paguei ao longo dos anos com dinheiro de outras fontes. Se eu gastei US$2.000,00 em despesas médicas a partir de 2020 eu poderia esperar dez anos e, se quiser, sacar US$2.000,00 da poupança de saúde sem taxas extras).

1. Deposite o valor máximo permitido na sua poupança de aposentadoria individual. Além das poupanças de saúde, usamos dois tipos de poupanças de aposentadoria: as Roth e as tradicionais (há outras também, como as Simples, para pequenas empresas e as SEP, para autônomos. Discuta suas opções com um contador antes de fazer um investimento). Se você é casado, otimize a poupança dele também – as contribuições hoje são no máximo de US$6.000,00 por pessoa, e US$7.000,00 se você tiver mais de 50 anos (com base nas diretrizes de 2020).

Devo investir minha aposentadoria?

Preciso dizer que não sou profissional na área. Não tenho diplomas ou certificados em planejamento financeiro. Sou um amador autodidata que gosta de investir o tempo nisso, já há alguns anos. Embora eu tenha um grande prazer em compartilhar o que deu certo para nós, você deve sempre falar com um consultor financeiro profissional, alguém com quem você possa discutir suas necessidades e objetivos específicos. Feitas as advertências, eis como nós investimos nosso dinheiro para a aposentadoria.

Investir no mercado de ações pode ser assustador. Os altos e baixos de todo o dia podem causar enjoo. Em certo ponto de 2019 o valor de nossas contas de aposentadoria havia se reduzido pela metade. Isso quando se tem a coragem de se continuar economizando mesmo nos tempos de vacas magras. Durante toda a crise, continuei a colocar dinheiro em todas as nossas contas a cada pagamento, não me importando com o que o mercado de ações estivesse fazendo. Quando a bolsa de valores estava em seu ponto mais baixo, tentei olhar para ela como se comprasse uma promoção de papel higiênico de "compre um, leve dois". Comprar as ações à venda e reconstruir nossas contas de aposentadoria parecia ser a melhor opção.

Colocamos 25% em um Fundo de Índice S&P 500 de baixo custo. É um grupo de ações que representa as maiores das quinhentas empresas dos Estados Unidos. Investimos os 75% restantes nas ações de empresas individuais que eu pesquisei e escolhi. Essa é a melhor maneira de se fazer? Sinceramente, não estou certo. Algumas das minhas decisões se mostraram acertadas e outras foram um fiasco, mas as decisões corretas estão em maior número. Mas eu quero ser o responsável por nossas finanças então eu levo o tempo necessário para fazer o dever de casa e tomar as decisões. Se eu não gostasse disso, provavelmente colocaria todo o dinheiro em um fundo e terminaria o expediente.

O que você faz se tiver alguns meses de turbulência (como durante a pandemia)? Se você investiu em fundos de índice ou tem algum profissional tomando conta do seu dinheiro, sugiro apenas ignorar o ruído das notícias o melhor que puder. Verifique todos os meses ou trimestres e veja como seus investimentos estão se saindo. Eu vejo os meus diariamente usando aplicativos, mas eu gosto disso – provavelmente mais do que deveria. Mas, para muitas pessoas, acompanhar de perto os investimentos pode ser uma fonte de ansiedade. Não há problema em evitar isso.

O PODER DOS JUROS COMPOSTOS: A REGRA DAS 752

> *Os juros compostos são a oitava maravilha do mundo. Aquele que sabe disso, lucra... quem não sabe... paga.*
>
> (Albert Einstein)

Uma breve lição do porquê todos nós devemos investir o mais cedo em nossa aposentadoria e investir com frequência. E por que eu gostaria de ter aberto uma conta de aposentadoria assim que terminei a faculdade. Essa regra das 752, cunhada pelo comentarias financeiro David Bach,[9] mostra como economizar uma pequena quantia de dinheiro pode trazer grandes recompensas.

A regra dos 752 permite que você descubra o quanto pode economizar durante um período de dez anos, escolhendo investir o dinheiro que você gasta atualmente em qualquer despesa semanal. Basta multiplicar por 752 o valor gasto por semana em uma despesa específica e saber quanto dinheiro você teria ao final de dez anos (assumindo um retorno financeiro de 7%) caso investisse o valor.

---

9 Noel Whittaker, "The Latte Factor and the Rule of 752," Sydney Morning Herald, 15 de novembro de 2018, https://www.smh.com.au/money/planning-and-budgeting/the-latte-factor-and-the-rule-of-752-20181115-p50g5y.html.

Digamos que você gasta US$20,00 por semana pegando um café no caminho para o trabalho, em vez de beber o que há de graça no escritório. Investir essa quantia teoricamente renderia US$15.040,00 (20 x 752 = 15040). Você come US$25,00 em *fast-food* toda semana? Isso equivale a US$18.800,00. US$30,00 dólares em cerveja toda semana? US$22.560,00. Aparar US$100,00 dólares por semana do seu orçamento eliminando hábitos como esses e investir o valor te trará US$75.200,00 depois de dez anos. Apenas mais uma maneira de pensar nos custos reais dessas pequenas compras "inofensivas" que todos fazemos.

Falamos muito em guardar dinheiro. Não se esqueça de guardar a sua alma, a sua família e economizar seu tempo, assim como o dinheiro. Encontre maneiras de trabalhar para aumentar sua fé em seu atual estado de vida, estar verdadeiramente presente com sua família e encontrar o equilíbrio entre trabalho e diversão. Será muito bom para você.

Lição de casa

- Por quais emergências você já passou e desejou ter dinheiro guardado?
- Essas emergências te motivaram a começar ou fazer crescer um fundo de emergência?
- Como um fundo de amortização pode ajudar com o seu futuro?
- Se você tem filhos, qual é o seu plano para pagar a faculdade? Você já conversou isso com ele?
- Você já tem planos para sua aposentadoria? E já começou a colocar tais planos em prática?

X

Eduque crianças independentes
(Sam)

Nossa criação foi diferente daquela recebida pela maioria das pessoas que eu conheço. Não nos deram mesada, não pagaram nossa faculdade e não nos deram os brinquedos e videogames mais modernos. Isso nos tornou mais independentes financeiramente e nos fez dar mais valor ao que temos e ao que podemos fazer. Também fez de mim um consumidor mais inteligente. Quando eu ia gastar dinheiro com alguma coisa, eu me perguntava: "No que isso vai me ajudar?" Prefiro gastar duzentos dólares em alguma melhoria da casa do que em um casaco novo.

(Caleb Fatzinger, 28 anos)

Quando eu tinha 16 anos e tentava decidir o que queria fazer, pensei no que gostava e pesquisei um pouco a respeito... então decidi ser consultor financeiro. Agora que tenho 23 anos, estou terminando meu segundo ano como consultor financeiro na minha empresa. Eu não estaria trabalhando com isso hoje se não tivesse aprendido o valor do dinheiro com meus pais ainda criança.

(Joey Fatzinger, 23 anos)

Foi em abril de 2006, época preferida de todos: declaração de imposto de renda. Reunindo nossa documentação para o contador, percebi que nossa filha mais velha, na época com 16 anos, tinha trabalhado no ano anterior e teria que juntar-se às fileiras dos contribuintes, apresentando uma declaração de imposto de renda.

Em 2006 as pessoas ainda faziam isso à moda antiga, com papéis. Eu disse a nossa filha que precisávamos fazer a declaração e que iríamos até a biblioteca pegar os formulários federais e estaduais. "Me dê os formulários", disse Alex, "e eu mesma descubro como faço a declaração". E é claro que foi exatamente o que ela fez. E eu os conferi e enviamos pelo correio. Isso foi há dezesseis anos e a Receita não a chamou para auditoria, então acho que ela acertou as contas.

Como a nossa filha de 16 anos foi capaz de agir assim? Isso foi o resultado de uma boa criação, uma boa educação em casa, por ser a mais velha? Embora eu adorasse ficar com os louros da vitória e afirmar que tudo isso foi graças à educação que eu dei, a realidade é um pouco mais complexa. Temperamento, inclinações naturais e maturidade, tudo isso desempenhou seu papel. Também devo ressaltar que nem todos os nossos filhos são maníacos das finanças. Quando pedimos que cada um deles escrevessem seus melhores conselhos para colocar neste livro, Dom (de 19 anos) escreveu: "Dominic estava muito ocupado levantando peso e saindo com as meninas para escrever qualquer coisa." Ele é um dos nossos, e também nos orgulhamos dele.

É nosso trabalho como pais prepararmos os filhos para a vida: cuidar das finanças, administrar uma casa, desenvolver bons hábitos de trabalho. Fazer menos que isso seria ruim para eles e para a sociedade. Além disso, você não os quer vivendo em seu porão até os 50 anos de idade.

No entanto, descobrimos que aquilo que podemos ensiná-los – e o quanto eles retêm dos ensinamentos – varia de uma criança para a outra. Por essa razão, criar os filhos para a independência financeira pode ter sentidos diferentes, dependendo do temperamento e inclinações naturais de cada um. Para um filho, isso irá incentivá-lo a trabalhar com finanças. Para outro, pode ser um chamado a níveis heroicos de paciência e gentileza em vista de ajudá-lo a cultivar a temperança para que entenda que aquele par de sapatos ultrapassa o orçamento do mês. E assim você precisa ajudar seus filhos a estabelecerem as metas como você as estabelece para si mesmo: descubra o que é mais importante, faça um plano e invista de acordo com o plano.

Cinco lições importantes

Assim como certas virtudes são essenciais para uma boa administração e precisamos desenvolvê-las em nós mesmos para alcançarmos a segurança financeira, também existem certas ideias que julgamos importantes e tentamos transmitir aos nossos filhos para ajudá-los a viver melhor (e não apenas "gastar menos").

Seja a pessoa que resolve problemas

Educamos nossos onze filhos mais velhos em casa até a oitava série. Depois disso, eles recebiam uma tutoria em casa duas vezes por semana até cumprirem todos os requisitos para cursarem uma graduação (normalmente até a idade em que estariam na metade do ensino médio). Nos outros três dias da semana eles trabalhavam em tarefas e projetos encaminhados pelos tutores. A tutoria em casa é uma barganha se comparada às mensalidades de escolas católicas na nossa região. Custa uma anuidade de US$3.000,00 por criança. As escolas locais são de US$15.000,00 a US$25.000,00 por ano.

Como mãe e membro da tutoria, recebendo-a em casa todas as terças e quintas, gosto de perguntar aos jovens quais os cursos eles acharam mais úteis depois que eles seguem para a próxima etapa de suas vidas. Para minha surpresa, eles não mencionam nada a respeito de história, inglês, matemática, ciências ou línguas estrangeiras. O que eles costumam escolher como mais útil é a turma eletiva de preparação para a "faculdade e a vida" que oferecemos, na qual eles aprendem coisas como se inscrever para o processo seletivo da faculdade, procurar um apartamento, trocar um pneu, costurar um botão, fazer um orçamento e montar um currículo. Coisas úteis para a vida.

Uma das coisas mais importantes para os pais é ensinar as crianças a resolverem seus próprios problemas e saírem de situações complicadas sem que você precise intervir. E assim, quase todo dia, me pego dizendo: "Resolva você mesmo, é um conhecimento para sua vida. Se você não conseguir mesmo, então eu ajudo."

Amamos nossos filhos, mas não vamos estar sempre por perto para ajudá-los a sair de todas as situações. Isso se aplica a coisas como a manutenção básica do carro (troca de pneus e verificação do óleo), e se aplica à administração financeira. Quando você ama alguém, precisa amar de forma que o ajude a se preparar para o futuro. Como diz o livro dos Provérbios: "Ensina à criança o caminho que ela deve seguir; mesmo quando envelhecer, dele não há de se afastar." (Pr 22, 6)

Valorize o que você tem

Um dos nossos superpoderes de pais é não mimar nossos filhos. Isso fez com que eles valorizassem as coisas que têm e tornou a vida muito mais fácil.

Por exemplo, nossos filhos amam manga. Mas essas frutinhas saborosas normalmente custam US$0,99 cada, por isso não compramos com frequência – quando você alimenta dezesseis, um monte de mangas pode arruinar o orçamento da semana! Mas eles adoram quando acontece uma promoção que baixa essas delícias a 39 centavos cada e mamãe traz uma dúzia! Esse pequeno exercício de autocontrole torna cada mordida muito mais doce. E esse é o tipo de vida que queremos para nós e nossos filhos.

Isso não quer dizer que não tivemos nossa cota de mimos na infância. Rob era o mais velho de três e o primeiro neto, então era natural que os adultos da família dessem o que ele quisesse. Eu, por outro lado, sou a mais nova e tinha oito irmãos mais velhos para me fazer o mesmo. E mesmo assim, enquanto nossos filhos cresciam e davam início às próprias famílias, percebemos que a regra de "não mimar" nos beneficiou de maneiras que nós não esperávamos.

Por um lado, aprender a dar valor às pequenas coisas realmente ajudou nossos filhos mais velhos a passar pelas mudanças da vida de casado. Um exemplo da minha filha Alex:

Eu tenho o mesmo carro há nove anos. É um excelente carro que comprei usado quando ele tinha 2 anos de idade. Ele ainda funciona bem, por isso não houve necessidade de mudar para outro modelo. Não temos maior ou mais agradável das casas do bairro, mas estamos felizes em saber que podemos arcar com o nosso estilo de vida.

Outra vantagem de se criar os filhos dessa maneira é que os gastos maiores de certas ocasiões deixam uma impressão maior. Há quatro anos, todo o nosso enxame foi ao Arizona para o casamento de um filho. Foi a primeira grande viagem de férias que tiramos como família.

E para muitos de nossos filhos, foi a primeira viagem de avião. Fomos uma semana antes para fazermos turismo e nos prepararmos para o casamento. As crianças estavam maravilhadas em todas as aventuras que tivemos e nos lugares lindos que visitamos. Se eles tivessem sido criados fazendo viagens extravagantes, não teriam aproveitado tanto essa viagem em família – incluindo a piscina e a banheira de hidromassagem do nosso Airbnb. O limoeiro no quintal foi a cereja do bolo.

Uma das minhas passagens bíblicas favoritas sobre o contentamento – a capacidade de estarmos satisfeitos com o que temos – vem de uma das cartas de São Paulo a Timóteo:

Sem dúvida, grande fonte de lucro é a piedade, porém quando acompanhada de espírito de desprendimento. Porque nada trouxemos ao mundo, como tampouco nada poderemos levar. Tendo alimento e vestuário, contentemo-nos com isso. Aqueles que ambicionam tornar-se ricos caem nas armadilhas do demônio e em muitos desejos insensatos e nocivos, que precipitam os homens no abismo da ruína e da perdição. Porque a raiz de todos os males é o amor ao dinheiro. Acossados pela cobiça, alguns se desviaram da fé e se enredaram em muitas aflições. (I Tm 6, 6 -10)

Dê prioridade ao tempo em família

Rob e eu não estamos sempre na mesma página em todos os assuntos, mas quando se trata da maneira como nossa família passa o tempo juntos, normalmente concordamos. Desde que nosso primeiro filho nasceu, tentamos levar uma vida simples, sem correr a cada minuto do dia, sem inscrever as crianças em todas as atividades ou esportes. Isso nem sempre foi fácil na prática. Às vezes não deixávamos algumas de nossas crianças mais atléticas jogar em um time mais avançado principalmente por falta de dinheiro ou tempo para levá-la a tantos treinos e torneios.

Isso não quer dizer que cada um não seja livre para ter os próprios hobbies ou atividades – a obsessão de Rob por corrida é um bom exemplo. Mas todas as opções precisam passar pelo teste: "O que é melhor para toda a família?" Quando eu estava grávida e/ou amamentando, não queria que os bebês e as crianças ficassem presos no carro o dia todo enquanto eu dirigia para lá e para cá levando os irmãos para treinos e jogos. Em uma família grande, é importante que cada membro aprenda a colocar o bem-estar da família acima das preferências pessoais.

Você talvez tenha uma opinião diferente sobre o tempo que sua família passa em diferentes atividades esportivas – e não há nada de errado nisso. Algumas famílias dão muita prioridade aos esportes por causa de talentos e habilidades particulares dos filhos (para não mencionar o potencial de bolsas de estudo). Às vezes, tenho inveja dos meus amigos que conseguem equilibrar tanto a vida familiar quanto os diversos compromissos com o esporte. Alguns casais conseguem harmonizar atividade física com a vida familiar treinando ou colocando vários filhos no mesmo time. Outros passam a vida correndo para lá e para cá de um treino a outro. Optamos por fazer do tempo em família uma prioridade; esportes e atividades físicas tão custosos nunca dariam certo para nós. Seria muito desgaste e a vida familiar sairia prejudicada.

Também tentamos equilibrar a forma como passamos nosso repouso dominical. Eu sonho em ter um grande jantar de domingo com toda a minha família aqui e netos brincando, mas até agora isso não tem funcionado muito bem. Meus filhos mais velhos têm seus próprios horários e suas próprias vidas.

Portanto, seguimos em cada época tentando fazer o que é melhor para toda a nossa família, não apenas para um membro.

Sem descuidos

Como nunca tivemos muito dinheiro sobrando, presentear os filhos em excesso nunca foi um risco. Mas não se estraga uma criança apenas comprando coisas. Deixá-las mexer em tudo o que quiserem, dormir tarde, não fazer as tarefas, xingar ou falar palavrões e outros maus comportamentos; tudo isso estraga uma criança.

O psicólogo clínico e palestrante católico Dr. Ray Guarendi explica melhor: "Eu posso dar as ferramentas para você ensinar a obediência a seus filhos, mas não posso te dar a energia para você levar isso adiante." Quando eu era uma jovem mãe, meus filhos não conseguiam passar impunes. Mas depois de três décadas de dedicação, esta velha mamãe perdeu muita energia e os filhos mais novos conseguem se safar muito mais do que seus irmãos mais velhos. Diariamente peço a Deus equilíbrio e sabedoria para criá-los bem. O lado bom é que os mais velhos podem cuidar dos mais novos e ensiná-los com o exemplo. Muitas vezes um filho mais velho corrige o mais novo que está me desrespeitando: "Não fale assim com minha mãe!"

Uma das maneiras de moldarmos o caráter de nossos filhos é ensiná-los a trabalhar duro. Há muitas tarefas em uma casa grande como a nossa, e fazer tarefas desde pequenos tem incutido em cada um deles uma boa ética do trabalho. Por causa dessa forma de enxergar as coisas, todos os nossos filhos adoram conseguir empregos e ser pagos para fazer coisas que normalmente são mais fáceis do que suas tarefas em casa. "Babá de uma criança? Claro. É bem mais silencioso do que minha casa e eu posso fazer minha lição de casa lá enquanto ela está tirando uma soneca!" Além do mais, hoje em dia a hora da babá varia de US$10,00 a US$15,00. Além de lhes proporcionar o dinheiro para coisas não essenciais como celulares e tênis chiques, o trabalho os mantém ocupados durante esses anos ociosos e cheios de tentação que são a adolescência.

Assuma pequenas responsabilidades

Quinze anos atrás recebemos uma equipe de um desses *reality shows* de reforma de casa que veio nos entrevistar para uma oportunidade de participarmos de um episódio e ter algum cômodo nosso reformado. Os homens foram lá em cima e me perguntaram por que os ventiladores de teto em quatro dos quartos estavam só com uma ou duas lâmpadas funcionando. Eu expliquei que meus queridinhos nunca apagam as luzes, por isso coloco propositalmente algumas lâmpadas queimadas para economizar com energia. Deixar luzes acesas em um quarto vazio é um jeito certo de entrar na minha lista negra.

Outro ótimo jeito de me tirar do sério é deixar a porta de casa aberta. Toda vez que eu vejo uma porta aberta, lembro dos meus pais gritando: "Você foi criado em um celeiro?" Até hoje sou obcecada em fechar as portas e apagar as luzes que não são necessárias. Mesmo na casa de amigos. E temos nove meninos que parecem ter algum bloqueio mental impedindo que eles fechem as portas e apaguem as luzes. Mas, em algum momento, eles passam a fazer isso – normalmente depois que se mudam e começam a pagar conta de luz.

Outra questão que enfatizamos responsabilidade é quanto ao desperdício de comida. É uma proibição séria em nossa família. Na minha infância não deixávamos muitas sobras, mas se algo estivesse a ponto de estragar, minha mãe iria aproveitar aquilo de alguma forma. Eu tento seguir seu exemplo. Quando temos bananas maduras demais ou outras frutas, é hora de uma vitamina. Se o leite está saindo do prazo, as crianças sabem que a mamãe vai preparar uma fornada de waffles. Os vegetais estão ficando feios? Está na hora de sopa. As crianças sabem que para eu jogar algo fora, a coisa precisa parecer uma experiência científica que deu errado.

A maioria das nossas crianças mais velhas já trabalhou em lanchonete ou redes de *fast-food*. Eles voltam do trabalho escandalizados com a quantidade de alimentos que as pessoas desperdiçam (eu soube que era uma boa mãe no dia que minha filha Bárbara, de 19 anos, me perguntou: "Mãe, é o McDonald's ou o Burger King que vende o Big Mac?"). Isso também ajudou nossos filhos a perceber o quão cara e pouco saudável pode se tornar uma rotina de *fast-food*; o autocontrole se torna mais fácil quando você vê o dinheiro que ele te economiza!

Nós não ficamos envergonhados, e sim orgulhosos, quando nossos filhos trazem alimentos intocados que iriam para o lixo (organizações como a Food Rescue US fazem um ótimo trabalho de combate ao desperdício e à fome, unindo restaurantes a cozinhas comunitárias locais e bancos de alimentos).

É claro que meus filhos às vezes levam o princípio de não desperdiçar a extremos. Pouco depois de nos mudarmos para um novo bairro, passei pela casa de um vizinho para buscar meu filho de 4 anos em uma festa de aniversário e fui recebida na porta pelo pai, um velho amigo dos tempos do colegial. Ele me entregou um grande saco de M&M's e disse que, depois de estourarem a *piñata*, minha filha Bárbara fez tudo o que pôde para se defender dos demais e "pegar doces extras para os irmãos". Depois disso, quando as crianças terminaram de comer pizza (das pizzas que chegam pelo entregador), Bárbara perguntou ao anfitrião se poderia levar as bordas para casa "porque meus irmãozinhos adoram bordas".

Admito que, como qualquer criança, as nossas precisam desenvolver um pouco as habilidades sociais para evitar esses momentos constrangedores. Quando nossos pequenos glutões em treinamento estão em algum jantar comemorativo e enchem seus pratos com pilhas de nuggets enquanto pessoas famintas aguardam na fila atrás deles, nós os levamos gentilmente para um canto e lembramos a eles que aquela não será sua última refeição. Basta que peguem o suficiente e sejam gentis com os demais, ou até que peguem uma pequena quantidade e façam um sacrifício até que todos possam pegar um pouco. Vi um bom exemplo disso recentemente em uma festa com piscina quando ouvi de um menino de 11 anos que sua mãe sempre o ensinou a não pegar o último pedaço de uma bandeja, para o caso de alguém mais querer.

Enquanto Rob e eu víamos nossos filhos crescerem e darem início às suas próprias famílias, vimos como essas cinco pequenas lições de vida proporcionaram a eles o sucesso que não pode ser medido em ganhos materiais. *Ser alguém que resolve os problemas. Dar valor ao que você tem. Priorizar o tempo em família. Não descuidar. Assumir pequenas responsabilidades.*

Tais princípios incutiram neles o caráter necessário para que façam os sacrifícios e escolhas necessárias em vista dos objetivos financeiros que elegerem para si. E para isso, precisávamos ensinar outro conjunto igualmente importante de valores e habilidades. Chamamos esse conjunto de lições de "Princípios financeiros".

Princípios financeiros

Não deixe para ensinar depois seus filhos a gastarem de forma inteligente e consumirem com prudência, especialmente quando eles já têm idade suficiente para trabalhar fora e ganhar. o próprio dinheiro. Mostre a eles como manter um livro de contas (uma arte hoje perdida). Isso lhes trará disciplina com as finanças, além de evitar que caiam no cheque especial e ser uma ajuda para manter o orçamento.

Ensine a eles como proteger seus dados pessoais e financeiros (nunca passe para ninguém seu CPF sem necessidade. Guarde suas informações de conta e senha da mesma forma que você guardaria a versão original da *Mona Lisa*, de Da Vinci). À medida que os momentos de aprendizado surgem, combata o desejo de se adiantar e resolver as questões para eles. Em vez disso, se acalme e explique como funcionam os empréstimos imobiliários, para carros, para estudantes etc. Enquanto faz isso, explique como funcionam impostos: imposto de renda, IPTU, INSS etc.

Além dessas explicações práticas, continue sempre recordando-os dos motivos para sermos responsáveis com as finanças. No fim das contas, tudo o que temos pertence a Deus, que nos confia essas coisas para fazermos o bem e servirmos ao próximo. Aqui estão algumas das lições mais importantes que os pais podem transmitir a seus filhos sobre realidades da nossa vida financeira.

Aprenda com os seus erros

Não tenha medo de permitir que seus filhos aprendam com seus erros ou de deixá-los saber que você nem sempre lidou com o dinheiro perfeitamente. Conte a eles sobre aquela vez em que você comprou brinquedos de colecionador e achou que eram as coisas mais valiosas de todos os tempos... por alguns dias, e aí percebeu que desperdiçou dinheiro com bonequinhos.

Fale de suas compras do passado, boas e ruins: a bicicleta de qualidade que compraram em uma venda de garagem e souberam cuidar direitinho, e o jogo caro que eles "tinham que ter" e acabaram jogando fora ou o novo skate que eles deixaram lá fora tomando chuva. Sentir na pele a decepção de uma compra feita às pressas, bem como a alegria de finalmente conseguir algo muito desejado, é um importante rito de passagem para a maioria das crianças. Aprender a exercitar autocontrole nas pequenas coisas leva ao autocontrole nas coisas grandes quando eles crescem.

Você nunca é jovem demais para economizar

Comece a ensinar seus filhos a economizar ainda bem jovens. Comece com o básico: há uma quantidade limitada de dinheiro, eles nunca podem gastar mais do que têm, e é importante não gastar tudo. Eles precisam guardar um pouco e compartilhar outro tanto.

Não damos mesada, mas isso não quer dizer que você não possa. Muitas famílias usam a mesada como forma de ensinar às crianças o valor do dinheiro e o que fazer com ele. Quando eles tiverem idade suficiente para entender o valor das moedas, ofereça-lhes um dólar para fazer uma determinada tarefa e pague-os com dez moedinhas brilhantes. Explique que cada vez que ganhamos um dólar, precisamos economizar uma moeda (10%), compartilhar outra (10%) e então gastar o restante. A maioria das crianças vai achar isso extremamente justo.

Ajude-os a escolher ou montar um cofrinho (sempre é possível decorar uma latinha ou um pote de vidro) para começar o processo de economia. Essas moedinhas brilhantes irão crescer rapidamente! Assim que o cofrinho começar a encher, leve-os a um banco e abra uma poupança. Ensine-os sobre juros (usamos muitos cofres de poupança/ gasto/doação ao longo dos anos).

Em família, fale das maneiras de juntar recursos para compartilhar com a Igreja e com o próximo. Incentive o seu filho a doar dinheiro e tempo. Faça com que ele dê parte do próprio dinheiro para a paróquia. Natal e Quaresma são épocas ótimas para isso. Ou peça que ele escolha alguma instituição de caridade para ajudar.

Como eu disse, é importante ensinar os filhos a economizar e doar enquanto ainda são muito pequenos. Isso será uma grande ajuda quando forem mais velhos, e eles precisam aprender o autocontrole para atravessarem bem e adolescência.

Cuidado com o crédito

Agora temos nove filhos com carteira de motorista. Todos eles compraram seus primeiros carros, geralmente antes dos 16 anos, sem precisar de empréstimo. Cada um deles trabalhou, economizou e procurou por um conjunto razoável de pneus que os levassem aonde precisavam ir. É ver para crer: A visão de nossa rua ladeada de carros é toda a motivação que os mais jovens precisam para fazer a poupança do carro (coitados dos nossos vizinhos!).

Muitas vezes alertamos nossos filhos ainda jovens sobre as dívidas de cartão de crédito. Como pais, precisamos ter cuidado para dar um bom exemplo aqui. Não deixe que eles pensem que basta sacar um cartão para se comprar o que quiser. Garanta que eles saibam que não se deve usar cartões de crédito a menos que tenha dinheiro para pagar a conta integralmente no mês seguinte. Eles precisam saber que terão que pagar juros (juros altos) se não pagarem o saldo. Que eles saibam que é melhor usar dinheiro ou cartão de débito para compras – e que é necessária extrema cautela com as compras on-line.

Aprenda a fazer compras

Ensine a eles como fazer compras inteligentes e consumir de forma prudente. Eu sei que fazer compras com os filhos pode ser mais doloroso do que assistir a um videoclipe da Miley Cyrus, mas leve--os com você e mostre como se compara preços e a importância de se preparar uma lista com antecedência. Peça a eles que entreguem o dinheiro ao caixa, e não o cartão de crédito, e que confiram o troco. (Se você quer melhorar sua maneira de fazer compras no supermercado, confira o material para download "Alimentando sua família sem ir à falência" no link: www.avemariapress.com/products/catholic-guide-to-spending-less-and-living-more.)

Depois de guardar os mantimentos em casa, as lições continuam. Ensine-os a transformar ingredientes simples em deliciosas refeições para se compartilhar com os amigos. Mostre a eles que você não precisa gastar muito dinheiro para ter um lar acolhedor e atraente, o tipo de casa que reflete amor e hospitalidade. Isso também é uma parte importante de viver e administrar bem os recursos que Deus nos confiou. Se fizermos bem a nossa parte, as graças de um estilo de vida como esse serão um legado familiar para as gerações futuras.

Lição de casa

- Em casal, decidam quais qualidades você busca para a administração financeira da família e quais você precisa revisitar.
- Qual das cinco lições de vida abordadas neste capítulo você acha que precisa trabalhar com sua família? Existem outras lições que vocês também acham importantes?
- Quais são alguns dos "princípios financeiros" particularmente relevantes para sua família agora?
- Por que a hospitalidade é parte integrante de uma boa administração? Há alguma maneira de praticar a hospitalidade ainda esta semana?

Conclusão

(Rob e Sam)

Se você chegou até aqui, Deus o abençoe, e muito obrigado por fazer conosco esta jornada pelo mundo das finanças pessoais tal como nós a entendemos, sob a perspectiva de nossa fé católica.

Queremos te incentivar a seguir trabalhando com sua família em busca destes bons hábitos, maneiras de pensar e práticas essenciais. Sabemos que seu contexto particular pode ser muito diferente do nosso, no entanto, acreditamos que Deus quis que partilhássemos a visão financeira que Ele nos deu para assim ajudar outras famílias a superarem os desafios que talvez estejam enfrentando enquanto procuram fazer sua vontade. Como diz São Paulo em sua segunda carta aos Coríntios: "Bendito seja Deus, o Pai de nosso Senhor Jesus Cristo, o Pai das misericórdias, Deus de toda a consolação, que nos conforta em todas as nossas tribulações, para que, pela consolação com que nós mesmos somos consolados por Deus, possamos consolar os que estão em qualquer angústia!" (II Cor 1, 3-4)

Aprendemos muito escrevendo este livro. Nossa proposta foi ajudar os outros a melhorar suas finanças pessoais e esperamos conseguir isso. Mas fomos nós que aprendemos durante o processo. Ele nos deu a oportunidade de revermos e ajustarmos nossas próprias estratégias financeiras. Como escrevemos este livro ao longo de vários meses durante a pandemia, havia muita coisa para ser tratada e muito tempo para fazer isso. Os eventos de 2020 nos exigiram o auge da boa saúde financeira, física e espiritual. Nunca sabemos o que a vida trará pela frente.

Por isso esperamos que este livro seja um caminho para você colocar suas finanças em ordem, quer isso signifique uns pequenos ajustes ou uma reforma completa. Revise sua visão e seus objetivos. Certifique-se de que elas são prioridade e comece a encará-las.

Se há uma lição que esperamos que você tire deste livro, acima de qualquer outra, é que é preciso disciplina, e não somente motivação, para se colocar as finanças em ordem. E como Rob gosta de fazer analogias e de histórias de corrida, ele quis fechar este livro oferecendo o melhor conselho de corrida (e de finanças) que ele conhece: "Você nunca vai estar sempre motivado." Rob diz o seguinte:

Eu corro todo dia. Não digo isso para me gabar ou me exibir, apenas esclarecendo. Comecei a correr na primavera de 1978 (sim, já havia sapatos de corrida). Foi amor à primeira corrida. Como é a minha obsessão, decidi há quinze anos que correria todos os dias, a menos que algo sério me impedisse – transplante de coração, coma induzido ou derrame são algumas das únicas razões aceitáveis para que eu deixe de correr algum dia.

Coisas como calor de matar, tempestades de gelo, gripe e o simples motivo de ser velho e cansado podem e vão rapidamente nos desmotivar. Sabendo que eu nem sempre estaria motivado a correr, fiz disso parte da minha rotina diária ou disciplina. Assim como tomar banho, escovar os dentes e comer, corro todo o dia, sem desculpas. Isso requer disciplina e paixão, não motivação. Já acordei em muitas manhãs frias de inverno, no escuro e tive que me arrastar para fora de uma cama quente, amarrar meus sapatos e ir para a rua. A motivação não era o que me fazia correr naquelas manhãs inóspitas; era a disciplina. Quando cai a ficha, a motivação não serve para nada.

Isso se aplica à muitas áreas da nossa vida, não apenas corrida. Finanças, vida cristã, o trabalho diário e as tarefas de casa; tudo isso demanda disciplina. Quem está motivado a ir ao trabalho todas as manhãs? Todas as estratégias e dicas financeiras do mundo não ajudam se você não tiver a disciplina e a prudência para pedir a Deus que o ajude a pôr as coisas em prática.

Para os cristãos, esta disciplina é (ou deveria ser) uma expressão da nossa fé. É esta fé fundamental em Deus, e um desejo profundamente enraizado de agradá-lo e tomar nossa cruz em tudo aquilo que fazemos, que está no coração de todas as escolhas que fizemos como família — escolhas financeiras e não financeiras. Sem o desejo de viver as virtudes financeiras de maneira sistemática, todas as dicas e truques são apenas ideias se agitando dentro da nossa cabeça.

Nosso trabalho de pais deve ter deixado alguma marca (ou então Sam aprendeu a bilocar) porque nossos filhos dizem que podem ouvir a voz dela quando tentam gastar de forma imprudente ou desperdiçam o dinheiro: "Você vai mesmo de novo no *drive-thru*?" "Não desperdice essa comida; você pode comê-la de novo amanhã." "Não se esqueça de deixar 10% de dízimo para a igreja ou alguma instituição de caridade importante para você." No entanto, não podemos forçá-los, nem a eles nem a ninguém, a mudar as próprias atitudes. Se você está endividado, ou não está na situação financeira que gostaria de estar, cabe a você ser honesto consigo mesmo, fazer algumas mudanças, sacrifícios e começar a levar seus gastos a sério.

Oferecemos algumas sugestões para te ajudar. Reze pela sua situação e peça sabedoria para saber como administrar melhor. Se você não tem dívidas, mas quer fazer mais com o seu dinheiro para servir ao povo de Deus, então procure áreas em que você pode economizar para atingir esse objetivo. Muito obrigado por estar disposto a usar do próprio dinheiro para ser as mãos e pés de nosso Salvador. Muita gente em nosso mundo precisa de ajuda, portanto, restrinja essa ajuda a algo que fale ao seu coração. Deus te guiará, se você pedir.

As finanças são fonte de problemas para casais, famílias e pessoas solteiras. Acreditamos que tal estresse causado pelas finanças é uma das ferramentas de Satanás para nos aprisionar e nos fazer pensar que o dinheiro é nosso e não de Deus. Por isso, gostaríamos de terminar este livro com uma oração que você pode fazer todo dia – sozinho ou em família – para ajudá-lo a encontrar o seu caminho. Adaptamos a famosa "Oração do abandono" de São Charles de Foucauld:

Oração da Confiança e Entrega

Meu Pai, nós nos entregamos em vossas mãos.
Fazei de nós, e de nossos bens, o que quiserdes!
O que de nós fizerdes, vos agradecemos.
O que quer que permitas, em vós confiamos.
Estamos prontos para tudo. Aceitamos tudo.
Contanto que a vossa vontade se faça em nós.
Entregamos nossas vidas em vossas mãos,
Tudo o que temos e tudo o que somos.
Nós vos damos, meu Deus, para que o Senhor nos dê sabedoria e autocontrole.
Porque nós vos amamos, Senhor. E em vós confiamos sem medidas.
E por isso, entregamos a nós mesmos, nosso dinheiro e bens, e nosso futuro em vossas mãos; sem reservas e com infinita confiança.

Protegei-nos e sustentai-nos, Senhor. Por vosso Espírito, afastai-nos da tentação, e nos dê a humildade de recorrermos a vós em todas as nossas necessidades. Fazei de nós gratos por tudo o que nos destes, rápidos em partilhar, lentos para gastar e sábios em economizar para o futuro. Tudo isso vos pedimos em nome do Pai, do Filho e do Espírito Santo. Amém.

Você também pode fazer isso. Você é capaz de muito mais do que imagina. Descubra suas metas, busque as grandes sem descuidar das pequenas e corra atrás. Um passo de cada vez, é assim que toda jornada se inicia. Agora saia daqui e comece a sua.

Lição de casa

- Qual ideia deste livro você quer aplicar à sua vida?
- Quais são alguns problemas que sua família tem enfrentado atualmente e que você mais precisa colocar nas mãos de Deus?
- Quando foi a última vez que sua família foi à confissão? Considerem receber esse sacramento juntos para seguirem determinados a mudar a situação financeira. Deus lhes dará o que vocês precisam, se vocês estiverem dispostos a corresponder com obediência, confiança e fé.

Agradecimentos

Primeiramente, queremos agradecer aos nossos pais. Vocês nos deram a vida e se sacrificaram diariamente pela nossa criação. Foram os primeiros a nos ensinar como economizar e como gastar com sabedoria. Não é possível listar tudo o que fizeram por nós ao longo desses anos. Estamos certos de que vocês tiveram suas dúvidas a respeito de algumas de nossas decisões ao longo dos anos, mas sempre estiveram lá por nós, sempre dispostos a dar uma mãozinha.

Dedicamos este livro à memória de Bárbara, Frank e Walter. Sentimos muitas saudades e lembramos de vocês todos os dias.

Agradecemos aos nossos filhos. Todos vocês são uma bênção em nossas vidas e se saíram muito bem... até agora (não deixe que isso lhe suba a cabeça!). Não poderíamos ter desejado filhos melhores. Todos os dias vocês nos fazem rir e chorar, nos orgulham e nos enlouquecem.

A nossos netos e futuros netos: Nós te amamos, e seus pais também te amam. Quem disse: "Se eu soubesse o quanto os netos são divertidos, teria sido avô primeiro" estava certo. Vocês são perfeitos e nada do que fizerem mudará isso. Estaremos sempre aqui para vocês, especialmente quanto seus pais forem malvados com vocês. Vovô e vovó te amam para sempre.

A todos os nossos amigos, especialmente os da Paróquia do Sagrado Coração: Vocês têm sido conselheiros, amigos, irmãos e irmãs, companheiros de luta, guerreiros intercessores e pessoas com as quais podemos contar. São aqueles a quem chamaríamos no meio da noite se o carro quebra no meio da estrada. Compartilhamos muitas refeições, risadas, correrias e missas com vocês. Muitos de vocês deram parte do seu tempo, talentos, bens e ajuda financeira por nós, de diferentes maneiras, ao longo dos anos. Vocês continuam a nos inspirar e nos incentivam a sermos cristãos melhores.

Um obrigado especial para Heidi Saxton, nossa primeira editora na Ave Maria Press, por sua visão, seu encorajamento e respostas às milhares de perguntas que tivemos. A Justin McClain, que nos animou e ajudou quando não fazíamos ideia no que estávamos nos metendo. Obrigado, Tom Grady, Karey Circosta, Kristen Bonelli, Susana Kelly, Stephanie Sibal, Catherine Owers e a todos os que tiveram paciência conosco aprendendo as coisas na Ave Maria Press.

Eu (Rob) quero agradecer à minha noiva de 32 anos. Minha jornada teria sido muito menos interessante e provavelmente menor se não tivéssemos nos conhecido. Ao longo de todos esses anos, você sempre me apoiou. Me amou, apesar das minhas muitas falhas. Tenho sido um marido péssimo, um pai questionável e um mau católico ao longo dos anos, mas você sempre esteve ao meu lado. Você aguentou ser trocada pelas corridas e apoiou, ou ao menos tolerou, minhas aventuras. Você é o amor da minha vida e minha alma gêmea (esta expressão tão desgastada). Você é a Lucy deste Ricky, a rosa deste espinho, e o azeite deste vinagre.

Eu (Sam) gostaria de agradecer a Deus por ser meu melhor amigo e ter me dado a vida dos meus sonhos com um marido ótimo e muitas crianças, a casa dos sonhos na minha cidade favorita. Rob, obrigado por estar sempre aberto à vida e mesmo por acolher outros que precisavam de nós, nossos bebês bônus. Você aguenta minhas loucuras, minha tagarelice constante e minhas infinitas sugestões de coisas para fazer (como este livro) – "A pessoa mais extrovertida do mundo casando-se com o maior dos introvertidos" será tema do próximo livro. Aos meus filhos, vocês sabem que são todo o nosso orgulho e alegria; sabem que nem sempre é divertido ser a mãe chata incomodando vocês toda a hora! Minha vida estará completa quando estivermos todos juntos no céu, como os santos que Deus nos criou para sermos. Aos meus pais, no céu, que foram meus primeiros mestres da confiança e da austeridade. Obrigada por darem o salto de fé e adotarem uma bebezinha quando vocês já estavam criando outras 8 crianças. Aos meus irmãos, que me fizeram querer muitos bebês e desfrutar de uma grande família. Para Helen e Fatz, que estavam lá para nos ajudar se caíssemos. A Geama, mãe de Rob, minha melhor amiga. Obrigada por sempre me ajudar e ser uma mãe para mim; eu não sei o que faria sem você. A todas as minhas irmãs espirituais que rezam e aguentam minhas mensagens diárias. Todas vocês são minhas ouvintes e conselheiras, que me arrestam aos pontapés e gritos para Cristo. A todos os sacerdotes e ordens religiosas que ajudaram a moldar minha fé e me ajudaram em meus muitos apostolados ao longo dos anos. Obrigada por dizerem sim!

Por último, mas não menos importante, agradecemos a Deus por tudo o que nos tem feito. Ele nos reuniu há trinta e cinco anos, em uma chopada. Ele tem estado conosco a cada passo do caminho, provavelmente balançando a cabeça com frequência para as coisas que fizemos. Ele nem sempre disse sim, mas sempre nos guiou na direção certa quando fomos espertos o suficiente para ouvir. Seja feita a vossa vontade!

+JMJ+

Recursos recomendados

A seguir, alguns aplicativos, sites e livros que nos ajudaram ao longo dos anos.

Ferramentas para orçamento

EveryDollar—everydollar.com
Easy Budget—easybudgetblog.com
Goodbudget—goodbudget.com
Mint—mint.com
Personal Capital—personalcapital.com
PocketGuard—pocketguard.com
YNAB (*You Need a Budget*) — youneedabudget.com

Score e cartão de crédito

Credit Karma—creditkarma.com
Credit Sesame—creditsesame.com
NerdWallet—nerdwallet.com

Tudo sobre dicas de finanças

Chris Hogan—chrishogan360.com

Dave Ramsey—daveramsey.com
Dough Roller—doughroller.net
Fatzinger Family—FatzFam.com

Aposentadoria

Mad Fientist—madfientist.com
Mr. Money Mustache—mrmoneymustache.com

Livros

Negócios à luz da Bíblia: Um guia complete de princípios bíblicos para a vida profissional, Larry Burkett.

Os 7 Hábitos das pessoas altamente eficazes, Stephen R. Covey.

The Complete Tightwad Gazette: Promoting Thrift as a Viable Alternative Lifestyle, Amy Dacyczyn.

O milionário mora ao lado: Os surpreendentes segredos dos ricaços americanos, Thomas J. Stanley e William D. Danko.

O dinheiro ou a vida: 9 passos para transformar a sua relação com o dinheiro e atingir a independência financeira, Joe Dominguez e Vicki Robin.

Everyday Millionaires: How Ordinary People Built Extraordinary Wealth—and How You Can Too, Chris Hogan.

Vendas on-line

Craiglist
eBay
Facebook Marketplace
Mercari

Direção editorial
Daniele Cajueiro

Editor responsável
Hugo Langone

Produção editorial
Adriana Torres
Laiane Flores
Daniel Dargains

Revisão de tradução
Jorge Amaral

Revisão
Octavio Moraes

Diagramação
Alfredo Loureiro

Este livro foi impresso em 2024, pela Corprint, para a Petra.
O papel de miolo é pólen 70g/m² e o da capa é cartão 250g/m².